美元霸权的兴衰

它将如何影响全球经济、金融市场和我们的财富

梁树德 著

红旗出版社

图书在版编目（CIP）数据

美元霸权的兴衰：它将如何影响全球经济、金融市场和我们的财富 / 梁树德著. -- 北京：红旗出版社，2025.4. -- ISBN 978-7-5051-5455-1

Ⅰ．F827.12

中国国家版本馆 CIP 数据核字第 2025Y75J50 号

浙江省版权局著作权合同登记号　图字：11—2024—550 号

书　　名　美元霸权的兴衰：它将如何影响全球经济、金融市场和我们的财富
　　　　　MEIYUAN BAQUAN DE XINGSHUAI：TA JIANG RUHE YINGXIANG QUANQIU JINGJI、JINRONG SHICHANG HE WOMEN DE CAIFU

著　　者　梁树德

出 版 人	蔡李章	责任印务	金　硕
责任编辑	吴琴峰	装帧设计	王梦珂
责任校对	郑梦祎		
出版发行	红旗出版社		
地　　址	北京市沙滩北街2号	邮政编码	100727
	杭州市体育场路178号	邮政编码	310039
编 辑 部	0571-85310467	发 行 部	0571-85311330
E－mail	hqcbs@8531.cn		
法律顾问	北京盈科（杭州）律师事务所	钱 航　董 晓	
图文排版	浙江新华图文制作有限公司		
印　　刷	杭州钱江彩色印务有限公司		
开　　本	880 毫米 ×1230 毫米　1/32		
字　　数	125 千字	印　张	7.5
版　　次	2025 年 4 月第 1 版	印　次	2025 年 4 月第 1 次印刷
ISBN 978-7-5051-5455-1		定　价	58.00 元

本书中文简体字版本，由嘉佰文化有限公司授权杭州蓝狮子文化创意股份有限公司在中国内地独家出版及发行。未经书面同意，其他任何机构及个人不得以任何形式进行复制及转载。项目合作：锐拓传媒 copyright@rightol.com

> 推荐序

带你面对美元衰落的挑战

这是一本关于全球金融市场及美元霸权的书。书中详细交代了美元怎样一步一步地成为全球金融的交易货币,从信用评级到指数成分等例子,详述了金融话语权的厉害之处,用不公平的手段影响其他国家的经济及金融运作。不过,"绝对权力绝对使人腐化",在一个完全没有挑战者及基本上只有一个国家为主导的金融秩序里,美国及美元霸权亦因美国自己的政策,如量化宽松货币政策(简称量化宽松)、金融收割计划等,令其他国家渐渐对美国及美元资产感到怀疑,并开始寻找第二种选择。这些都促成了美元霸权的衰落。

本书作者为论述其见解,搜集及整理了海量的资料。读者在细读后应该会有走过最近20年这段金融动荡旅程的感觉。另外，书中亦分析了在中国内地及香港特别行政区的投资者们应该怎样面对未来的挑战，例如美元衰落，环保、科技创新、高息及通货膨胀等问题。虽然每个人都应该依据自己的情况作出投资决定，但本书已在不同的方向为读者提供分析和意见，从而帮助读者更有效地找出最适合自己的投资组合。

（周志伟 香港中文大学商学院创业专业应用教授）

> 前言

美元霸权裂痕扩大　多元结算体系崛起

任何国家和地区，即使有自己的货币，都会受到美元的影响。中国香港的法定货币是港元，但生活也与美元息息相关。美元是大多数国际金融交易的计价和结算货币，几乎全球所有金融产品的定价，都以美元的资金成本为估值的基础，美国利率的升降决定全球利率和资金成本的走向。最简单的例子是每逢美国调整利率时，香港人的供楼压力必受影响；美元几乎是全球所有大宗商品的定价和结算媒介，美元汇率的变动直接影响着商品的价格、企业的发展乃至国家的收支；到某些国家旅行，游客得先兑换美元才可换成该国货币；在社会信心危机下，大家首先讨论的是放弃自己的货币，再兑换成美元自保……

美国自二战后发展形成强大国力，自诩要在国际社会上发挥足够大的影响力来指导全球，美国前总统哈里·杜鲁门（Harry Truman）于1947年向世界发表豪言壮语："全世界应采用美国制度（the whole world should adopt the American system）。"这似乎呼应了法国哲学家伏尔泰的金句——"伟大的责任离不开巨大的权力（great responsibility follows inseparably from great power）"。美元在行使其世界货币职能时，为收取货币税提供正当性。然而，在人性贪婪的驱使下，美元的强大没有造就美国更大的全球责任，没有促进国际自由贸易，却催生一种为谋取私利而被滥用的特权，"美元霸权"由此而生。

以低成本印钞换取别国优质资产

这种霸权使得美国即使在面对庞大的国际收支赤字时，还能继续以发行更多的债务去偿还债务；能够以几分钱印制美钞的成本，换取别国的优质资产；能够通过控制货币的发行量，来制造全球金融市场的动荡；能够让仅占全球人口5%的美国人口，以信贷方式消耗全球逾1/4的资源；能够冠冕堂皇地以改善经济为借口，在高债务、高赤字的情况下，免除美国企业以及个人信贷的责任；能够以其控制美元供应的地位，随便以金融方式制裁别国。这种霸权无疑会招致越来越多的不公平和腐败。

不过，即使美元地位再强大，也绝非无可替代，这种霸权在1944年确立后到现在，还不足100年，在世界货币历史中，美元只是一个非常短暂的过客。黄金曾被视为上帝的货币，在人类文明发展的历史中，其作为储存价值的地位根深蒂固，但也有被替代之时，更何况不足百年的美元体系。货币只是降低交易成本、厘清价值的工具，当以美元作为交易媒介的成本遽升、当美元扭曲了真正供需市场的定价机制时，以美元为中心的货币体系便自然会被取代。

这种体系正面临危机，以美元为首的发达国家货币体系，以债务推动经济的方式滥发货币，已超前耗尽了未来几十年的经济增量。2022年以来，发达国家的通货膨胀（简称通胀）飙升只是前奏，在难以更进一步以赤字营造虚假的经济荣景下，经济衰退甚至长期滞胀的发生也只是时间问题。例如，英国的紧缩政策，已导致其率先出现货币危机，对以美元为首的法定货币体系发起冲击。美元霸权的裂痕正在迅速扩大。

美元体系的定价模式正在改变

在这之前，各国央行启动了去美元化的方案，多种货币互换机制和以本币结算的贸易协议应运而生，央行正重回以贸易需要为基础的多元化储备发展。美元失势将是一个漫长渐进的过程，但美元霸权衰落并不等于美元没落，因为美元很可能不会消失，有很大机会仍是全球的重要储备货币之一，英镑就是一个例子，只是美国因为美元霸权而所享有的独特优势，将会因为竞争者或补充者的出现而弱化。这也反映了美元在全球货币体系的地位并非牢不可破，只是各国在美元的替代品出现前，要小心避免因为货币体系的遽变而导致自己出现难以承受的局面。

无论如何，一个以多种货币、重要大宗商品为基础的结算体系、定价体系和国际贸易关系正在形成。全球投资者也必须正视这个事实，即以美元体系为基础的定价模式正在发生改变。在过去 50 年里，全球投资人相信拥有美元比拥有资源更为可靠，但这种信心已开始动摇。

港元挂钩美元，前景增变数

在美元霸权衰落、新的结算体系萌芽的局势下，身处中国香港的投资者所面对的挑战尤其巨大。美元体系的消亡、中美间的竞争，令实行联系汇率制度的港元前景增添变数。拙作正是在这个背景下出版的，尝试以常识和基本逻辑，厘清货币的根源、美元和美元体系的问题，以及其对大众资产的影响。最后，我们应当如何看待这变幻的未来？

在 2021 年年底至 2022 年年初，我在专栏《佛系股评》中数次发表关于美元危机、美联储（全称美国联邦储备系统）与中国人民银行成为世界双央行、中美竞争以及中国坚持待美国重启加息和紧缩措施时反其道采取减息宽松政策等事件的见解，愚见被天窗出版社的编辑看到，她建议我再详述观点并给出投资建议，因而成书。

本书的面世得到很多人的帮助，包括天窗出版社的支持，尤其是编辑黄咏茵小姐负责本书的编辑工作，协助我把杂乱无章的想法汇总成书，并重新整理了书中的数据和图表。特别感谢同事倪嘉伟帮助我校对初稿和搜寻数据。我也感谢《佛系股评》专栏的付费会员，容忍我在写书期间减少了在专栏的发文；更重要的是，于 2022 年 7 月至 11 月在港股进一步下跌时，能够陪我坚持对常识和基本逻辑的信赖。幸运的是，年底前我亲自下场的投资陆续出现理想回报。

在历史性变动的洪流中,我仅是管窥筐举,只能提醒大家反本溯源,着眼于经济实质,把握好最基础的投资概念,以之应用于日常的个人理财,期望能力保资本不失。

目录

第一部分
美元霸权　盛极而衰　/ 01

1.1 能源战加通货紧缩：美元霸权衰落的前奏　/ 03

1.2 横行不足百年，美元替代品必出现　/ 10

1.3 钞票供应量暴增，美元购买力反跌　/ 25

1.4 美元本位：无锚之船加剧通货膨胀　/ 33

1.5 赤字推动消费，牺牲经济　/ 41

第二部分
货币博弈　力抗强势美元　/ 53

2.1 操控货币供应，转嫁经济危机　/ 55

2.2 拖累别国汇率，造就强势美元 / 64

2.3 国际经济：酝酿去美元化 / 71

2.4 取代美元霸权的潜在挑战者 / 86

2.5 霸权摇摇欲坠：美元的还击 / 93

2.6 趁美元衰落，各国争夺货币话语权 / 102

第三部分
量化宽松"后遗症"爆发　资产难升值 / 107

3.1 偏袒的信用评级制度：掩饰问题经济 / 109

3.2 扭曲的金融市场：均衡投资失效 / 116

3.3 通胀高、市盈率降：股票价值难升 / 122

3.4 增长股效应结束，"all in"美股风险高 / 129

第四部分
新体系崛起　资产配置新想象 / 149

4.1 港元的未来：美元人民币齐联汇 / 151

4.2 动荡中投资，首选具社会份额的企业 / 161

4.3 放弃虚幻升值：新指标追求增长 / 168

4.4 部署多元资产：现金、黄金、科技 / 174

4.5 新兴国家话语权增加：在优势中觅机遇 / 196

后记　改变风险定价模式——多元投资　持盈保泰 / 221

第一部分

美元霸权　盛极而衰

1.1 能源战加通货紧缩：美元霸权衰落的前奏

2020年，新冠病毒令全球生产链出现最大规模的停顿状态，产生的连锁反应，令以美元为代表的法定货币体系出现危机，这是美元霸权盛极而衰的转折点。

疫情带来的，首先是全球停工停产，油价从平均每桶60美元的水平，在短短一个月内骤降至每桶30美元。2020年4月，唐纳德·特朗普（Donald Trump）政府急忙找石油输出国组织（OPEC）及俄罗斯配合减产，企图令油价停止下跌，减少美国石油企业的损失。不过，OPEC及俄罗斯的不合作，令石油市场出现从未见过的恐慌，纽约期油合约（WTI）价格，从极低水平的每桶20美元进一步急挫至负值（见图1.1），最低曾触及每桶负37.63美元，这是有史以来首宗负油价的出现，石油竟然贴钱都无人要。

图1.1 2019年1月至2022年9月纽约期油合约价格走势

注：资料截至2022年9月底。

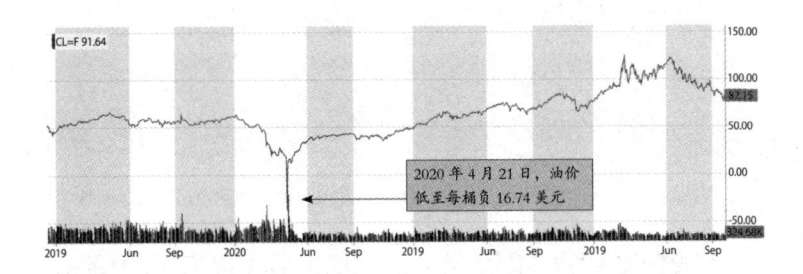

媒体上出现的比较被人接受的口径是：工业停产已导致全球范围的油仓、油船库存积压，卖方要倒贴运费和仓储费才可能找到买家。但不宣之于口的事实是：石油市场一直都是由卖家主导的，几个重要产油国只要肯稍加配合，几乎可以控制石油价格的涨跌；大众媒体似乎刻意忽略了以石油作为主要收入来源的OPEC和俄罗斯，竟然会联手促成油价急跌至负值局面的背后意义。普通大众更是少有人惊觉国际关系已悄然发生巨大变化。

扩大量化宽松规模必招致通胀

伴随着负油价而起的，还有通货紧缩（简称通缩）。一如既往，美国处理通缩的方法是货币宽松政策。只要有通缩的风险出现，美联储便会把利率下调至4%~5%。但因为2008年金融海啸发生后，美国已处于基准利率极低的水平，在无法减息的情况下，美联储只好在疫情发生后扩大量化宽松规模，以增加货币供应的方式避免通缩的出现。但货币供应剧增必然导致通胀在未来爆发，因经济活动停顿而导致的供应链瓶颈，只会令通胀问题更早出现并变得更难处理。

2022年2月，美国公布1月的通胀同比上涨了7.5%之际，俄乌冲突在同月爆发，令欧洲地区的供应链断裂，能源危机、粮食危机几乎在同一时间出现，商品价格进一步上涨。面对种种问题，美国使出浑身解数，包括企图利用俄乌战争来消耗俄罗斯的军事和财政力量，并凸显俄罗斯与其他欧美国家的军事实力差距；在金融上，用SWIFT（The Society for Worldwide Interbank Financial Telecommunication，即"环球银行金融电信协会"）的独特地位，采取面向全球的"长臂管辖"（long-arm jurisdiction），以金融制裁的方式强迫其他国家向美国靠拢；在外交上，激化台海冲突，重启已搁置多年的各种峰会，并领头 G7① 启动"全球基础设施和投资伙伴关系"，企图以之抵制中国的共建"一带一路"倡议；在经济上，主动放弃长期行之有效的全球化经济模式，以补贴、法令等方式全面推动贸易保护和提倡美国制造，又以制裁方式试图限制竞争对手的发展壮大；在金融政策上，顺着美国的通胀势头，推动"强美元"政策，企图加速新兴国家的资金外流，以美元为工具收割全球财富，使他国为美国过度的宽松政策成本买单。

美元虽强势，国债却失流动性

不过，美国这些招数似乎都无功而返了。2022 年以来，美联储议息了 8 次、当中宣布 7 次加息，并推动量化紧缩政策，美国联邦基金利率从 0.25% 上升至 4.5%，曾令美元指数从年初的低位 94.63，上升 21% 左右至 9 月的高位约 114（见图 1.2），一时间，美国的强美元政策似乎奏效了。表面上美元汇率在 2022 年表现强势，实际上美元资产（包括

---

① Group of Seven，简称 G7，是由美国、英国、法国、德国、日本、意大利和加拿大 7 个发达国家组成的七国集团，是主要工业国家会晤和讨论政策的论坛。——编者注

股汇债）在全球的需求却明显下跌。一来是因为美国经济及贸易的规模占全球比例正在缩减，外国要持有美元作为交易基础的需求下降；二来是美国的财政状况已千疮百孔，长期财政赤字和不断提升的债务，不但令其他国家担忧其还债能力，也成为其他国家的重大风险；三来是美国的专横跋扈和无止境免除企业和私人债务的决策，令人更不相信其会履行责任的承诺。

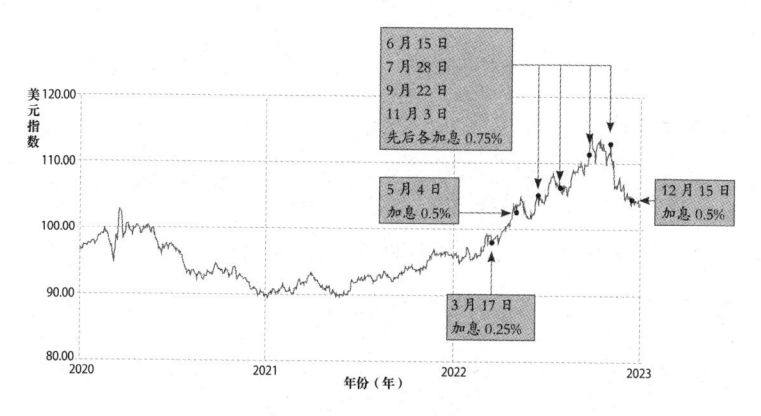

图 1.2　美国 2022 年 7 次加息历程与美元指数

注：2020 年至 2021 年美联储未有任何加息决议。

所以，即使十年期美国国债（简称十年期美债）收益率已升至接近 4%，但美国长债仍然乏人问津，在缺乏美联储的购债宽松政策下，美国国债（即美债）市场正在丧失流动性，美债市场所呈现的脆弱程度，令这个无风险利率作为全球资产定价基准的地位正面临不堪一击的局面。

美国联邦基金利率已从2022年9月的3.25%上升至12月底的4.5%，但年底的美元指数却从10月的高位114.78回落至年底大约104（见图1.2）；而弱化了的美元，却没有为美股带来提振作用，纳斯达克指数在12月迎来2022年新低，全年跌幅超过三成（见图1.3）。美国以这种在股、债、汇三方面的不利局面步入2023年，前路将更加困难，强黏性的价格和薪酬螺旋已然形成，其强行推动本土制造正换来更低的生产效率，从而确立了长期的滞胀形势；由于量化宽松和疫情补贴所累积的储备金已消耗殆尽，通胀及利率高企，将不断推高企业及个人的债务成本，随之而来的将会是欠账及坏账增多、消费力下降等情形。

货币主宰了全球的财富分配，美元霸主这棵大树正在摇摇欲坠，这道高墙已出现裂痕。历史上美元也曾经面临危机，最后却能够安然渡过。时移世易，今次不同的是，美国主导的逆全球化和联合抵制中国经济发展的战略，却先后被一些欧洲国家和澳大利亚，以及日本等盟友放弃，全球也正在建立非美元贸易体系，这都是过往未曾出现的情况，今次的转折点，到底是美元霸权先被推倒，令美国从此失去主宰分配全球财富的权力，还是美国能再次从这场博弈中获得进一步提升，我们或许可从上一次美元危机中得到启示。

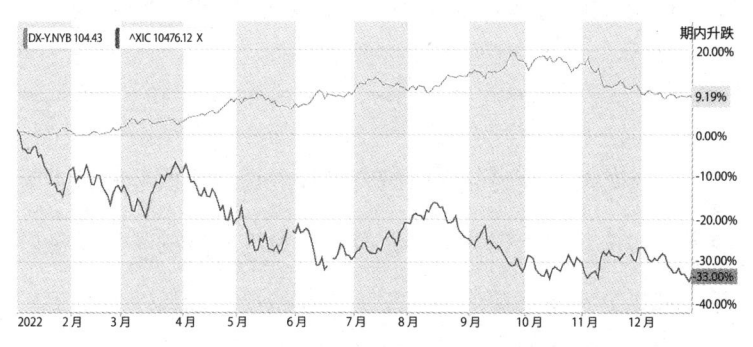

图1.3 2022年美元指数与纳斯达克指数走势

1.2 横行不足百年，美元替代品必出现

二战时期，美国与同盟国合力战胜德国法西斯和日本军国主义。从此，美国凭借其在战争中急速发展的军事力量以及当时几乎垄断全球的经济实力，在战后帮助西欧及日本恢复经济。二战后的美国，其国内生产总值（Gross Domestic Product，简称GDP）占全球五成，是全球最大的出口国和债权国，也是全球最大的黄金储备国，当时美国持有的黄金相当于全球央行黄金储备总和的3/4。

两次世界大战期间多次出现了货币混乱和经济冲突的情形，为了避免类似事件再度发生，国际上急切需要一个能稳定信心的货币体系。以美国当时的经济实力，并在当时美国财政部官员哈里·德克斯特·怀特（Harry Dexter White）的极力坚持下，1944年的《布雷顿森林协议》（Bretton

Woods Agreement）确立了以美元作为国际货币中心的货币制度，令已经第二次崩溃的国际货币体系重新恢复了稳定，美元霸权的地位因而确立。

二战后的美国经济及军事实力急速膨胀。1945年，杜鲁门刚上台就宣告"全世界应采用美国制度"。当时的世界力量完全偏向美国，西欧衰颓，而亚洲尚未崛起，唯有苏联是美国扩张的最大障碍。出于各自的意识形态差异、政治需要、国际地位和利益等因素，美苏之间冷战了40年之久，这正是好莱坞电影惯以苏联或俄罗斯为大反派、一直对其进行妖魔化宣传的主要原因。

20世纪50年代至70年代：美元外流，持续贬值

在20世纪50年代至70年代，美国长期推行全球扩张及遏苏制共战略，加上长时间陷入越战，严重消耗了国库资源，经济实力由盛转衰。相反，西德和日本自20世纪50年代起，经济逐渐恢复。由于美国逐渐丧失它的全球制造业龙头地位，加上美国要维持与西欧及日本的外交关系，便蓄意维持对欧洲和日本的贸易逆差，这进一步加剧了美国经济的衰落。

西欧和日本的经济依赖美国贸易逆差的情况加速前进，赤字加快美元外流，令美元的国际流通量持续上升，促使了美元汇率持续走低。当时，根据布雷顿森林体系，美国有责任把黄金定价在每盎司 35 美元，但因为美元在国际市场的供应量上升，令国际市场以美元定价的黄金价格突破每盎司 35 美元，市场纷纷进行套利活动，在美国买入黄金并在国际市场出售，连带其他国家的央行也加入抛售美元的行列，向美联储购入黄金并减少美元储备。这种局面促成了 20 世纪 60 年代至 70 年代多次出现的美元危机。

直至 1971 年 8 月 15 日，理查德·米尔豪斯·尼克松（Richard Milhous Nixon）单方面宣布关闭黄金窗口，停止与外国央行兑换美元和黄金的协议，令美元持续贬值至 1973 年。这时，史上唯一一次通过国际协商成立的国际货币制度已千疮百孔，各主要货币受到投机商冲击而被迫实行浮动汇率制度，布雷顿森林体系正式崩溃。

与此同时，受到长时间越战的影响，美国本土出现反战潮和南北分裂危机。美国同一时间出现财政困难和国内政治局势动荡的情况，使得尼克松总统在 20 世纪 60 年代末 70 年代初放弃了全球扩张策略，改以缓和压制战略对抗苏联，美国的全球角色从"主导"变为"辅助",这种局面反映了美国示弱,并企图通过缓和方式与苏联进行谈判。但当时苏联因发展核武器,已能与美国平分秋色。美国在形势比人弱时进行谈判当然难以成功。苏联也正好利用这种缓和换取时间和空间,并在此时离间美欧联盟,同时支持美国本土反战运动以实现自己的目的。后来,美国卡特政府采取先安内后攘外的战略,优先解决美国南北问题,这令苏联有余暇趁机扩张,直至1979年苏联入侵阿富汗,表明美国对苏联的缓和政策彻底失败。

美国因20世纪80年代的军事扩张成最大债务国

20世纪70年代至80年代的石油危机和美元危机正是在这个背景下发生的。第一次石油危机,是由1973年爆发的第四次中东战争引发的,石油输出国组织为了打击对手以色列及支持以色列的国家,实施石油减产及禁运,造成油价上涨;第二次石油危机则是由于1978年年底的伊朗政变导致伊朗当时的580万桶石油输出出现中断,然后就在1980年两伊战争后爆发。在1981年开始的里根政府时期,美国认识到对苏联采取缓和政策无效,重新部署军事竞争并在

20世纪80年代进行军备扩容。1981年至1989年，美国军备以平均每年7%的速度增长；同时，里根政府对苏联实施经济及粮食制裁，利用苏阿战争孤立和消耗苏联。这时期的抗苏战略令美苏关系在里根政府的第一届任期内跌至谷底。直至20世纪80年代中期，美国军备再次完胜苏联，戈尔巴乔夫上台后，美苏关系才开始缓和。

由此可见，20世纪70年代至80年代的中东之乱、苏阿战争等都是在美国实力转弱的情况下出现的。因为军事扩张和外贸转型等原因耗费大量国库资源，美国从最大债权国变成最大债务国，庞大的财政赤字及贸易赤字令美国的经济备受压力。自1973年各主要货币实行浮动汇率制后，国际货币市场持续混乱，在内外因素夹击下，美元在1977年年初至1978年10月进一步贬值13%，美元几近崩溃的状况在此时达到巅峰（见图1.4）。

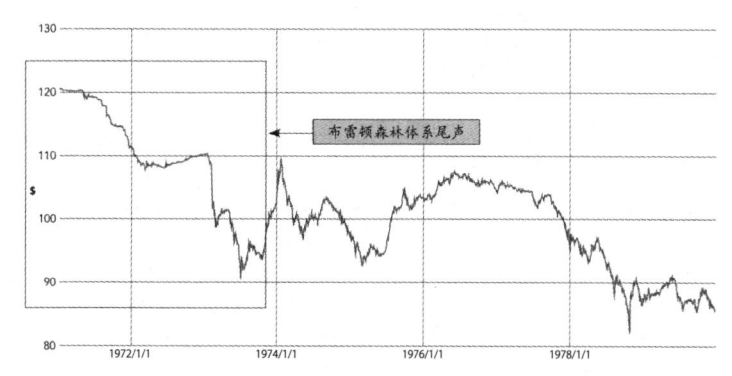

图1.4 美元指数1971年至1979年的走势

昨日美元危机，今天重蹈覆辙

综合20世纪70年代至80年代的这段历史与当下的政治经济局势来看，有不少影子在重叠。

军备扩充放缓：20世纪70年代，美国出现南北分裂和经济实力倒退，后来美国放缓军备扩充，军事力量被苏联赶超。美国国防开支在乔治·布什（George Bush）任内达到高峰，但在2009年贝拉克·奥巴马（Barack Obama）掌权后，军备预算从每年7820亿美元减至约6000亿美元，直到特朗普入主白宫后才有所回升。

长期外战耗费国力：20世纪70年代，美国陷入越战窘局，而在近20年美国则陷于阿富汗战争，这是美国在外国领土发动的历时最长又最具争议性的，且被批评为无建设性的战争。

赤字恶化：20世纪70年代，美国出现了20世纪30年代大萧条以来的最严重的贸易赤字和财政赤字。相对地，在新冠疫情的影响下，2020年美国的贸易赤字刷新了2008年金融海啸以来最严重的情况；2020年及2021年的财政赤字亦达到历史新高，比2019年激增了3倍。

本土分裂：与20世纪70年代的情况相似，当下美国出现的本土分裂或者是本土意识形态分化的情况有增无减。在特朗普当选总统后，美国本土政治分化严重。此外，自2008年美联储救助金融业后，贫富悬殊问题日益严重，导致社会出现更深层次的分化。

各国央行去美元化：20世纪70年代出现了各国央行减持美元、增持黄金的趋势。而在2008年金融海啸后，美联储实施量化宽松，在新冠疫情暴发后更以倍增速度扩大量化宽松规模，美元购买力下降及高通胀问题由此潜伏。中国、俄罗斯、石油输出国组织等纷纷增持黄金，减持美债。

美国失去稳定价格能力：20世纪70年代，美国不能履行维持国际金价的功能，而在2020年至2022年，国际市场确定了美国无力维持石油价格稳定的事实。

经济实力被追上：20世纪60年代至70年代，美国经济增长放缓，同期的德国及日本经济急速发展。相比之下，近20年美国经济增长缓慢，而中国经济以平均8%的速度增长。而且，在20世纪80年代，美国、日本、英国，法国及西德签订了《广场协议》（Plaza Accord），迫使日元升值，令日本陷入泡沫经济。而在2000年至2010年，美国多次以购买力平价（Purchase Power Parity，即PPP）迫使人民币升值，但由于人民币没有对外开放，人民币在升至6算后止步；而在差不多时间，美国提倡"本土生产"，引起"中美贸易摩擦"，以及后来发展成形的金融战等对中政策，目的都是为了让因中美贸易赤字而外流的美元回归美国本土。

战云密布：20世纪70年代，苏联入侵阿富汗，伊朗和伊拉克（即"两伊"）爆发战争；2022年，"两伊"又有摩擦。

以上八个方面反映，当美国的整体国力下降时，国际势力便会蠢蠢欲动。20世纪70年代美国对抗苏联的战略，与今日对付中俄的政策如出一辙。而在应对通胀方面，有趣的是，2022年拜登政府也依样画葫芦复制了20世纪80年代卡特政府的抗通胀计划（Anti-Inflation Program），推出了《降通胀法案》（*Inflation Reduction Act*）。

新兴国家崛起，美元更难转危为机

美国最后渡过了20世纪70年代的美元危机，主要是因为当时拥有全球最大石油探明储量的沙特阿拉伯承诺一律以美元买卖石油，石油取代了黄金成为美元币值的衡量标准，重新确立了美元的霸权地位。但到了21世纪20年代，出现了更多令美国难以控制的变量，因为除了中国，其他亚洲新兴国家的中产阶级急速崛起，美国作为全球"唯一买家"的地位已不复，新兴国家的消费力量足以形成维持经济发展的贸易圈并与欧美抗衡；消费国家的滥发货币情况严重，令法定货币的预期购买力大幅下降，令资源国和产能国的"交易成本"骤增，不得不寻求较低成本、较能反映自定出口货物价值和本币价值的贸易方式；美国国债的增长速度相较经济的增长速度更快，令债务负担接近临界点，外国央行对美国长远的偿还能力失去信心；美国利用货币武器化，破坏了美元的中立性地位；以通胀换来的经济增长导致贫富差距恶化，造成社会严重分化，若政府加大扶贫力度会造成财政赤字进一步恶化，但若对富人、企业增加税收却会增加经济陷入紧缩的风险，使得政策制定出现两难局面；多个在20世纪70年代曾经援助美元的政治力量在如今倒戈相向，令美国更难应对即将再次发生的美元霸权危机。

荷兰盾及英镑曾经称霸世界

美国自1776年颁布独立宣言以来，立国仅200多年，而美元成为世界储备货币，以美元为中心的国际货币体系的形成，是在20世纪40年代才开始的。在此之前，18世纪的荷兰盾是第一个除黄金和白银以外的世界储备货币，19世纪则是英镑的天下（见图1.5）。荷兰、英国和美国能成为世界顶尖大国有很多共同点，例如它们都实行资本主义、积极在全球范围扩张军事力量和促进贸易、占据当时全球大部分的经济和贸易份额、成为世界金融中心、具有世界顶尖的技术和研发能力等。

至于荷兰盾和英镑的没落也有非常近似的征兆，荷兰和英国都在相对国力下降时通过借贷来维持实力和扩张。这种情况似乎也正在美国发生，为了维持美国的竞争力和确保经济不陷入通缩，美债和财政赤字正在不断攀升，美国通过大量发行货币掩盖已出现的资不抵债的情况。

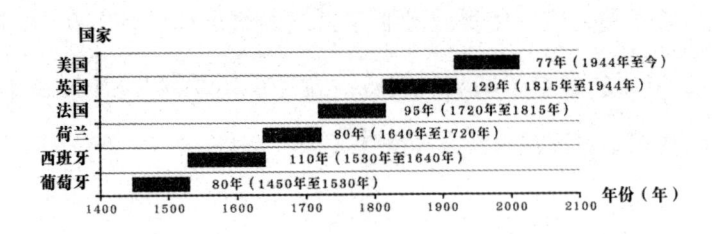

国家	年份
美国	77年（1944年至今）
英国	129年（1815年至1944年）
法国	95年（1720年至1815年）
荷兰	80年（1640年至1720年）
西班牙	110年（1530年至1640年）
葡萄牙	80年（1450年至1530年）

图1.5　1400年至今各国储备货币称霸历史的年份

货币没有最好，只有更好

撒除帝国兴衰和信贷的问题，历史上货币的出现和选择经历了多个阶段，人类一直在寻找交易媒介，货币应运而生。但货币的形态只有更好，没有最好。

货币的最基本功能是促进交易，这不仅出现在人类社会，在自然界也同样存在。在南极生活的企鹅也有货币概念。阿德利企鹅遵循一夫一妻制，它们在寻找到终身伴侣后，会在岩石上筑巢，但南极的夏天结束后，海水经常会淹没石巢，为此，阿德利企鹅需要搜集石头来巩固自己的家园。阿德利企鹅的生存环境会出现两种稀缺的东西：第一样是"适合筑巢的石头"，所以企鹅们会为了获得石头而"不择手段"，雄性企鹅会去偷其他企鹅的石头，雌性企鹅则会为了获得石头而与其他雄性交配；第二样是"可以生育的雌性"，所以没有成功找到伴侣的雄性企鹅，会用石头来换取与雌性交配的机会。石头是阿德利企鹅的重要财产，是企鹅们希望更多拥有的商品，也成了企鹅们的交易媒介，是企鹅们的"货币"。对单身的雄性企鹅而言，它们拥有的石头是属于它们的财产，对雌性企鹅而言，石头是用来筑巢的商品；交配机会对单身的雄性企鹅而言是商品，对雌性企鹅而言是财产。

货币就是这样，既是交易的媒介，也是商品本身，亦是蕴藏价值的财产。而当一项物件拥有作为交易的条件时，它自然有作为商品和财产的功能。所以，一件商品能被当成货币，必须有一个特性，就是其价值被广泛认同，即要"有市场"，货币之所以能成为货币，第一个要素是有广泛的市场"需求"或高度的"市场性"。

货币交替是"互通有无"的进程

近年兴起的虚拟货币是一种新货币成形的例子。虽然每一种虚拟币都宣传其特有的功能，但说穿了却没有任何内在价值。在现实生活中，你可以拿这个虚拟币换什么呢？但当它被广泛地视为一种商品后,它便有了某种价值。其中,比特币(Bitcoin)被认为是虚拟货币中特别的存在,因为它获得了较广泛认同的"持有价值"。著名沽空机构香橼研究(Citron Research)创办人曾这样说:"比特币与其他虚拟货币不同,因为比特币具有认知价值(perceived value),只要人们仍然想买,它就可以一直存在……因为它已是集体意志的一部分。"由此可见,即使市场未能确定比特币的价值,它汇兑成其他商品的转换率(汇率/Bitcoin 的定价)仍是一个未知领域。美国证券交易委员会(SEC)主席加里·根斯勒(Gary Gensler)更指出比特币是"唯一称得上有价值的资产"。

除了市场性外,社会对货币的选择也会基于它的效率。任何货币都会有它所消耗的交易成本,交易成本愈低,效率愈高。货币的出现,其本身的目的是降低交易成本。在以物易物的世界,难以在短时间内找到相匹配的买家或卖家,交易双方就需要花很高成本寻找对方,商品也较容易出现耗损,所以交易成本非常高,甚至难以实现交易的根本目的——"互通有无"。

定价之锚角色趋向转变

不过,利用货币作为交易媒介也会衍生成本。能够利用媒介(货币)促成交易,是因为双方有一种被共同接受(达成共识)、有市场性(广泛认受性)的物品作为交易媒介。但这个交易媒介若并非交易者的理想物,便会衍生出新的交易成本,例如汇兑成本。随着时代变迁,货币的材质及形式不断地得到优化,变得更耐用、更轻便、更易于携带和确认价值,交易成本得以持续降低。而愈有效率的货币,它所衍生的交易成本会愈低。只要有更有效、更有认受性的交易媒介出现,旧的媒介便会被取代。因此,货币的交替进程,一直是一个持续降低交易成本以达到互通有无的渐进过程。所以,某一种货币的出现,只是顺应了当时的市场需求,在当时当地被广泛地认为是衍生较低交易成本的媒介的存在。

按这个货币的基本原理,当某一国的货币成为世界贸易的主要媒介,也是因为它的认受性较高,而且它所衍生的交易成本被广泛地认为是较低的。曾经,市场选择了黄金、白银作为贸易的主要媒介,并以之厘定其他商品的价格;后来,市场选择了荷兰盾及英镑;而在20世纪,世界选择了美元担当定价之锚的角色。未来也可能会有其他货币顶替美元成为商品的定价之锚,这种情况将因为两种原因而出现:美元的相对认受性下降、美元的边际交易成本显著上升。结果是,市场将会出现美元的替代品(substitute)或补充品(complement)。

1.3 钞票供应量暴增，美元购买力反跌

货币供应增加会稀释它对比其他商品的交换率，令金钱的购买力下跌，这就是通货膨胀。

以美元为例，自从1913年《联邦储备法案》授权美联储可以控制货币供应以来，100多年前1美元的购买力，相当于当下大约28美元，购买力下降了93%。美元的购买力会在某一天降至零吗？我不知道，但股神沃伦·巴菲特（Warren Buffett）的搭档查理·芒格（Charlie Munger）于2022年年初曾说过，在通胀长期没有改善的情况下，将资金存放在货币市场的投资者应该假设，"未来100年内，相信美元会降至零"（over the next hundred years, the currency is going to zero）。根据美联储的数据，美国的货币发行量（monetary base）在过去几十年里显著增加。

从正面来看，增加货币发行量是因为随着人口及生产力的上升，经济的总量有所增加，便要增加相应的货币来反映经济总量。而且，增加货币发行量可以激励大众投资，从而转变大众认为囤积货币可以在未来获得更大的购买力的想法。不过，当货币发行量的增速高于经济总量的增速时，这种超量发行货币的做法会导致通货膨胀、物价上升。

生产效率成美元信心的关键

相比1959年的情况，如今的货币发行量暴增，但美元的购买力却下降了。比较一下货币发行量的增速和购买力下降的速度，为什么购买力下降的速度会稍微慢于货币发行量的增速呢？这是因为社会分工及科技的进步大幅提升了生产效率，增加了社会的总产出。随着科技继续进步，我们能够预测生产效率会继续提升，潜在总产出也会继续增加。这正是美国每次都能够通过增加货币发行量来解决经济危机的原因之一。如果在经济危机发生时增加货币供应、降低资金成本，便能够刺激投资及经济活动。投资将带动科技进步和生产效率提升，社会经济总量得以增长。可见，促进科技持续进步的背后因素，一直是支撑美元信心的磐石。在现行的经济发展模式中,生产效率至为关键。

虽然美元的购买力下降,但美国民众的购买力却没有随之下降。研究机构视觉资本(Visual Capitalist)发布了一个研究,标示出在不同年代美元的购买力变化:1913年,1美元能够买30块好时巧克力,当年人均收入大约是700美元每年;如今,1块好时巧克力大约是2.4美元,而人均收入大约是53490美元每年。20世纪10年代,一年收入可以买到21000块好时巧克力,而如今一年收入能够买到22288块好时巧克力。

再比较一下两个时代的贫困人口变化:20世纪10年代的美国大约有三成人口被归类为贫困人口,而2023年的贫困人口比例只有12.9%,美国的贫困人口比例在100多年间下降了逾半。换句话说,如今能够买得起好时巧克力的人口比例较1910年高出一倍多,人均收入能买到好时巧克力的数量也超过1910年。

这个例子显示,随着生产力提高,人民的生活质量也相应提高了。反之,如果巧克力的价格维持在100多年前的水平,又或者巧克力的价格增幅远低于大众收入及经济总量价值的增幅,今天还会有人生产巧克力吗?

货币发行权与财富盗窃

英国经济学家约翰·梅纳德·凯恩斯（John Maynard Keynes）说过，几千年来的货币制度都是"国家货币制度"，由国家选择货币、制定责任，并以该货币的单位计价和发行货币。因为货币的发行权，相当于社会财富的分配权，政府能够通过增发货币令货币的购买力下降，利用通货膨胀，无声无息地没收人民财富，凯恩斯形容这种财富转移的方式是政府施展的"财富盗窃"。

中国香港曾经历过由当权者借着通胀，私自转移人民的财富的历史。20世纪40年代日占时期，日军宣布私藏港元违法，以日元军票取代在中国香港邻近中立地区仍被承认的港元，强制收回港元钞票，后用于境外物资的购买，1945年日本投降前，大规模发行的日元军票令中国香港经历灾难性通货膨胀便是最明确的例子。如果将1943年5月与1941年9月的物价作比较，砂糖价格升了19倍、食用油升了15倍、白米升了10倍、纸类升了15倍。争取日本就日占时期对中国香港受害者赔偿的中国香港索偿协会主席刘文更曾透露，1945年时出现过单日米价大幅浮动的情况，早上为每千克200日元军票，下午升至每千克400日元军票，晚上涨至每千克1000日元军票。

政府的角色与个人或私人机构有很大差异。个人及私人机构的收入或盈利均来自生产，而政府的收入则主要来自征收，例如税务及其他费用。但征费或课税（征税）往往是不受欢迎的，那政府要怎么做到不增加征费或课税而增加收入？当政府垄断了货币的发行权后，便能够通过发行货币收取通货膨胀税，这是一种隐蔽性的税收。当政府的财政开支持续增加，但财政收入不能相应增加时，国家预算便会出现财政赤字。但政府也不能过度提高赋税，以免市场投资热情低迷，最终令政府收入不增反减。这时政府可以向银行透支，并通过增发货币来弥补财政赤字。由于整体已发行的货币量增加，民众手中的钱的购买力会相应下降，相当于民众财富在整体经济中的占比减少，最终民众对社会资源（财富）的持有份额被转移到政府手中。

这有点像在股票市场中，大股东以低成本甚至零成本的方式向自己配售新股，令小股东的应占权益减少。在股票市场，股价会因为股票发行量增加而下跌，小股东很容易察觉到自己被剥削。但在整体经济中，政府通过货币发行的方式把社会资源（财富）转移给自己，这只会在若干时间后反映在商品的价格上,而且,由于商品的价格也受各自的供需因素影响,民众很难察觉自己的财富被稀释。

通胀环境加剧贫富差距

通胀税的出现,会加剧社会贫富不均的问题。因为稀释作用会经过一段时间才显现,社会中每个人所累积的财富及资产类别不同,稀释作用也会有很大差异。尤其是因为被稀释购买力的是货币本身,如若一个人的财富大部分都是实体资产,例如房屋、汽车等,那他的实际财富不但没有被稀释反而会增加。

稀释效应(又称消滴效应)对不同社会参与者产生作用所需要的时间差异,会进一步拉大贫富差距,例如,企业家能够因成本上升而提高销售价格,把成本转嫁给消费者;但劳工阶层的加薪时间往往滞后,加薪幅度很可能追不上商品的加价幅度。那么,在通胀情况下,劳工的生活成本压力会更大。

相反,若一个人的财富大部分是货币,由于货币供应量增加,被贬值的是货币本身,那他会是较大的受害者。货币购买力的稀释效应,会令货币未来的价值较今天低。很显然，较早获得资金的人，会比较迟取得资金的人有更高的经济价值。所以，资金被长期合约套牢的人，例如年金、人寿保险、定期存款、长期债券的持有者，会是在通胀情况下财富被稀释得较多的一群人。

根据美联储的公开数据，新冠疫情暴发以来，美国的家庭净资产值大幅增加，其中一个原因是，在疫情期间，美国政府向市民直接发放现金。但多数人只能把纾困金用在偿还债务和交租上。底层人民因为没有参与股市，无法通过上升的股市令资产增加，这群人的财富水平从2006年以来只有轻微变化。但最富有的1%人口，他们的资产净值却上涨了132%，从17.9万亿美元飙升到41.5万亿美元。由此可见，美联储的量化宽松虽然使得经济免于通缩，但拉大了贫富差距。

同样地，通胀会迫使人们举债及超前消费包括刺激投资，因为还款时的币值会比借款时低，而债权人不单要考虑货币贬值的可能性，还需要承担信贷风险。所以，超发货币对债权人来说无疑是一种惩罚。那谁是真正的债权人呢？是银行？还是资本家？都不是。真正的债权人是把资金存放在银行的存款客户。而政府及资本家往往是积极寻求并利用融资和贷款途经的群体。不同的是，资本家需要承担投资风险及还款，而政府只需要增发货币。事实上，自美元本位制确立以后，美元作为货币本身已成为"无锚之锚"，加剧了美国的过度消费行为。

1.4 美元本位：无锚之船加剧通货膨胀

常说货币有商品货币（Commodity Money）与法定货币（Fiat Currency）之分，两者有什么分别呢？商品货币指的是若把货币的"交易功能"去掉后，仍然有作为商品的价值、有实物支持的货币，例如黄金、白银，也包括金本位下的货币，例如布雷顿森林体系下的美元（将美元与黄金挂钩）。而法定货币即背后没有实物支持，全凭政府法令成为合法流通的货币。1971年，美国放弃金本位，导致布雷顿森林体系瓦解，此后，美元属于法定货币。

当通用的货币是商品货币时，通胀对大众的损害是有限的，因为它本身还有其作为商品的功能及需求，例如黄金及白银。金本位制度、银本位制度或复本位制度，当黄金或白银作为货币时，货币本身便是锚。但由于商品货币以自身为锚，货币的供应量由金或银的供应量来决定，在对应经济急速增长或收缩时便缺乏弹性。

法定货币制度并没有实物在背后支持，即没有以实物商品作为定价的锚，这种"无锚之锚"的制度为经济调控提供了更大弹性。不过，作为协助市场运作的货币需要一个锚，即与某物直接或间接地挂钩，否则会增加交易成本。以现在的美元为例，虽然没有实物的锚，但物价指数和经济指数可被视为美元之锚；而在背后支撑法定货币的不是政府，而是民众对该政府及经济的信任。所以法定货币（也可以称为信用货币）的价值会受政府的财政状况及政策等影响。

法定货币让美国政府垄断财富分配

著名的"泰勒法则"（Taylor Rule）是常用的货币政策规则之一，它描述了短期利率如何针对通货膨胀率和产出变化进行调整的准则。乍一看，法定货币制度以物价及经济产出为锚，更贴合"货币的价值反映经济产出总量"这个理念，但法定货币制度也让政府取得控制货币供应量及定价的垄断式的权力，这既能为调控经济提供弹性，也能为政府垄断财富分配提供更大的便利。

事实上，货币政策很容易被政治化，作为压迫其他政治势力、通过货币供应遮掩财政赤字、利用通货膨胀实现通胀税等的手段。而且，先不论政府是否存心要把民众财富转移至自己手中，站在政府的立场来看，增加财政开支和刺激经济扩张，营造虚假的繁荣表面，对任何在位者都是有明显好处的。所以法定货币制度更鼓励超发货币，催生通货膨胀及货币稀释效应的出现。

中西方金融史，随处可见政府利用货币发行免除金融机构责任的事件，只有短短200多年历史的美国也不例外，尤其是在前总统托马斯·伍德罗·威尔逊（Thomas Woodrow Wilson）于1913年签署通过《联邦储备法案》，美国成立并授权美国联邦储备委员会（简称美联储委员会）独享铸币及调节货币价值的权力后。

美联储——银行中的银行

美联储于1913年成立，在这之前，美国于1791年及1816年已先后成立具备中央银行功能的美国第一银行（First Bank of the United States）和美国第二银行（Second Bank of the United States），但在1841年至1913年成立美联储委员会期间，美国国内只有大量私人银行，而这些银行可自行发行银行券给当地民众作为交易之用。同样地，这些银行的银行券被市场信任，是因为银行声称这些银行券都有贵金属在背后支撑，持有银行券的人可以从银行兑换等值的黄金或白银。

不过，在缺乏监管的情况下，"万恶的金融业"很自然地会出现道德问题，如滥发货币和制作伪钞，加上经济不景气，在19世纪末导致银行多次面临信任危机，并最终爆发了规模较大的"1907银行危机（1907 Bankers' Panic）"，幸而最后被银行家们所拯救——银行家约翰皮尔庞特·摩根（John Pierpont Morgan）当时召集了众多银行家及富商为市场注资以支撑银行。美国国会为此通过成立国家货币委员会，研究这场银行危机的解决方案，经过几年的政商之争，最后在1913年，由上任约9个月的威尔逊总统签署通过《联邦储备法案》，成立并授权美联储委员会独享铸币及调节货币价值的权力。

从以上这段关于美联储成立的历史，我们不难理解为什么在这100多年间，美联储的主要服务对象是美国政府和私人银行，因为美联储正是他们合力促成的机构。从此，美联储成为银行中的银行，要求私人银行维持对存款的最低准备金率，并将这些准备金存放在联邦储备银行；如果私人银行客户想将存款证换成钞票，银行需向央行提取。美联储有美国政府作为后盾绝不可能倒下，民众对央行及其发行的新钞有无限信心，黄金在交易中的角色被美联储逐步淡化，而私人银行则有美联储作为后盾，是私人银行的"最后贷款者"，这极大增强了民众对整个银行体系的信心。

不过，美联储的成立和其所构建的民众信心，为政府垄断货币发行以及推动通货膨胀打开了方便之门。政府想增发货币再不用受制于黄金存量，而只需依靠民众对政府及央行的信心便可以随意做到。

美联储成加速通货膨胀起点

从历史节点来看，美联储的成立的确是通货膨胀全面加速的起点（见图1.6）。美国建立了民众对美联储及银行体系的无限信心后，最低存款准备金率的设定，让私人银行可以把信用规模扩张10倍，而每次美联储在市场上或从银行购买资产时，银行就会有存款到账并以之作为最低存款准备金，便能够让银行的信用以倍数扩张。这就解释了为什么自

2008年美联储实施量化宽松以来，银行体系的存款持续增加。相反，当美联储把资产售予公众或银行时，便会令银行的存款准备金降低，造成信用紧缩。

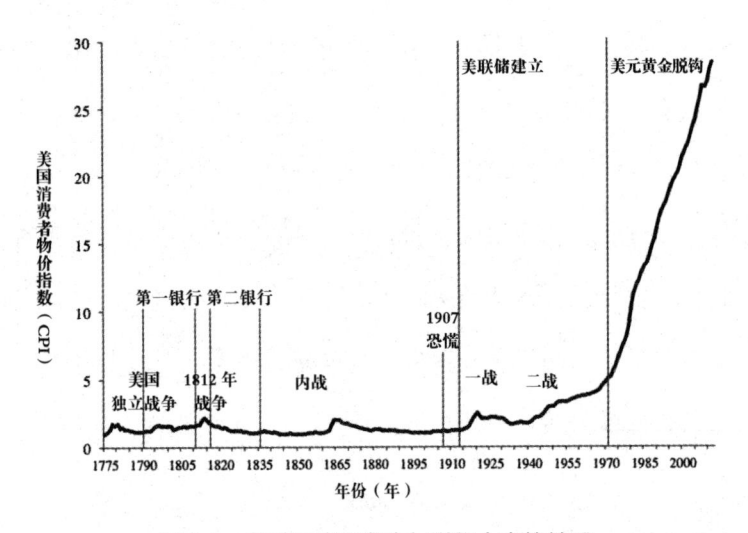

图1.6 美国通胀的发生与世界大事的关系

美联储成立后，美国政府才开始课税收取美元钞票，并将央行的政策与国家其他政策协调一致。基本上，美联储的角色是作为美国政府的影子助手，协助推动美国国策的施行。例如在美联储成立一年后，第一次世界大战爆发，美联储为了资助战争，根据《联邦储备法案》，降低了美元对黄金的购买力。

最初,美国政府传递给民众的说法是,当战争或某突发事件完结后,政府会重新履行义务,但这次调整在大战结束后并没有得到恢复。而到了20世纪70年代,当美国面临黄金储备流失造成的黄金需求告急的情况时,更是直接让"金本位制"消失,把美元变成本位货币。而美元本位制的出现,像开启了无锚之船,令通货膨胀有了无限扩张的可能。

自19世纪初美国政府免除银行偿付责任成为一种传统后,几乎每一次经济危机,美国政府都会允许银行以"暂缓偿付"的方式拒绝偿付债务,并通过舆论打压或辱骂参与"挤兑"[①]的民众。例如,美国政府在1929年经济大萧条时期把囤积黄金的民众贬斥为自私及不爱国者,在1933年下令银行放假,并以法令禁止民众鼓吹挤兑。当政府能够允许银行不履行偿债的义务时,它又会如何看待自己的债务?

理应坚定拥护自由法治和契约精神的美联储,却一直是最没有道德底线的违约实行者。在100多年后的今天,情况依旧没变。美联储前主席艾伦·格林斯潘(Alan Greenspan)的政策失误、美国政府的监管缺失等,导致了

---

① 挤兑是指银行客户突然大量提取存款的行为。

2008年金融海啸，一层又一层的高杠杆投资行为模式被瞬间推倒，引发了多米诺骨牌效应。个人和金融机构突然发现自己的债务规模要倍数高于资本，一时间，市场里无人能准确估计这场由美国房地产市场的泡沫爆破引起的潜在减值规模有多大。这一不确定性令信用链瞬间断裂。

美联储在短时间内减息5%也不足以给经济及信贷市场带来正面效果，而被迫踏上了量化宽松之路，通过大量印钞购买金融机构及银行手中的不良资产，把"新"的活力注入银行体系，再一次免去了银行因为过度扩充信贷而招致的债务。美联储再一次拯救了大批金融机构，但即使调查结果显示华尔街存有大量刻意扭曲或隐瞒信息的行为，最终又能有多少牵涉其中的人受到惩罚呢？

1.5 赤字推动消费，牺牲经济

在 2008 年金融海啸发生前，美联储实施量化宽松的行为一直都存在，但包庇的对象不只是金融机构，还有美国政府。美联储成立以来的 100 多年间，不断在帮政府、银行，甚至低信用度的大型企业购买债券和资产，而购买债券和资产的钱都是美联储利用市场对它的信誉凭空创造的。

不论是私人银行因为过度扩张信贷而招致金融危机，还是美国政府财政紧张，美联储都凭着它的"最后贷款人"的地位一直无限量扩张货币储量。只要美国的财政赤字及债务一直膨胀，金融业继续上演贪婪扩张与崩溃的戏码，美联储印钞的速度都可能会持续加快。美联储就像是专门吸收政府和银行债务及不良资产的黑洞。

但是，既然斯蒂芬·威廉·霍金（Stephen William Hawking）

能够凭黑洞产生的辐射证实黑洞有寿命,那美联储是否也受限制?查理·芒格(Charlie Thomas Munger)于2019年接受美国消费者新闻与商业频道(CNBC)采访,被问到是否会担心美国国债不断增加时,他称自己并不会担心,因为任何伟大的国家,在适当的时候都会被毁掉,并形容这只是小事。(I don't worry much, because every era, it is a cinch that a great nation will, in due time, be ruined.)

美国的长期"双赤字"(财政赤字和贸易赤字)本身已为人诟病,当美联储打算推动货币政策回归正常的时候,却遇上了新冠疫情这只黑天鹅,迫使美国政府要进一步大幅增加财政赤字来救助经济,令美债占GDP的比率突破120%,而美联储也要加倍印钞为美国政府提供足够开销的资金。这情况就好比一个已经泥足深陷的人,突然再在他胳膊上增加负重一样。除了经济学家们,美国政府内部也在担心美国的债务水平和美联储吸收债务的能力是否已经突破极限。就在此时,"现代货币理论"突然大行其道,并"信心满满"地为财政赤字问题提供了理想的解决方法。

"现代货币理论"：财政赤字推动消费及投资

"现代货币理论"解决财政赤字的方法就是别把财政赤字当成问题。概括而言，它对财政赤字有以下的看法：

政府有别于个人，不需要保持收支平衡，只要能够维持经济增长及物价稳定，出现财政赤字是没有问题的。这是因为政府所代表的是整个社会，利用资产负债表的逻辑来理解，资产等于"债务+股东权益"，政府增加债务的同时，社会资产也会因此提升。所以政府根本不存在财政赤字问题。

同样逻辑下，财政赤字会转化成社会的财富，即个人及私人市场的储蓄会增加，从而推动消费及投资。其中最有力的例证是，第二次世界大战后美国国债占GDP比率达到120%，但同期中产阶级人数暴增、家庭收入水平大增。

限制政府财政预算的并不是政府的支付能力或赤字水平，而是取决于实质生产资源（real productive resources），只有当财政开支远超实质生产资源时，实体经济才会产生通货膨胀的压力和限制。

与任何经济学理论一样，它总有正确和错误的时候。通过增加财政赤字来提升经济，在绝大部分的场景中似乎都很有效，但根据边际效益递减理论，任何刺激经济的手段（财政政策或金融货币政策）都会因为边际效益递减理论，从很有效变成低效再变成无效，甚至出现相反效果。

大量印钞只留在银行，未投入社会

尽管已种下恶果，但量化宽松的成效依然可以从美国的货币乘数效应中得到验证。可以简单地理解为，货币乘数是指央行发钞后，通过金融市场的货币创造，可以让市场上的货币供给量倍数上升的数值：通货存款比率越高，货币乘数越小，反映资金的使用度低，反之亦然。自2008年金融海啸后货币乘数急剧下降并一直维持在低位，反映美联储的量化宽松并未成功刺激社会贷款及存款增长。部分原因是经历了次贷危机及房地产泡沫破裂后，美国家庭及企业纷纷进行去杠杆化操作，降低了对贷款的需求；并且，超低利率水平抑制了商业银行的放贷动机，低预期回报也降低了风险"胃纳"[①]。结果是，央行创造的货币只留在银行的存款准备金库，并没有投入社会进行流通。

这些资料都显示，美债和货币发行量的增长，正以越来

---

① 风险"胃纳"比喻投资人能承受的最大风险值。

越快的速度超越经济的增长。而且，即使美国政府推行庞大的财政赤字，令个人存款或净值有所增加，但基于其他原因，财政开支及货币宽松政策都并未刺激实体经济的投资增长及科技研发的投放增长。

2008年至2021年，美国的财政赤字、国债、货币基数和美联储资产均呈现出明显的增幅，以下4项数据的年复合增长率介于8.6%至27%。同期，美国的GDP和私人投资总额（GPDI）的年复合增长率仅为4%和4.4%，而科技研发开支的年复合增长率仅约1%。这反映出虽然美国政府通过大幅提高财政赤字和扩大量化宽松规模，成功令美国避免了两次通缩（即2008年金融海啸及新冠疫情期间），但如此严重的财政赤字只换来轻微的消费提振作用，新发行的货币并未能将经济有效引导到有正面增益的地方，GDP的正增长只是价格和财富虚涨的结果，对长期经济扩张的助益非常有限。

人口增长慢，拖累生产效率

抛开复杂的经济学理论，回归最简单的经济构成。我认为经济由4个元素组成：人口、资源、生产效率和生活质量。假设资源是定量不变,那么经济的增长速度,就取决于人口增幅、生产效率的提升和人民对改善生活的意向。

人口方面,美国的人口增长已从20世纪80年代约1%至1.5%,到千禧年后跌穿1%,而2020年的人口增长更进一步降至0.4%。可以肯定的是,美国人口增长对经济增速的帮助将非常有限,亦不太可能重现如二战后的中产人口激增的情况(见图1.7)。

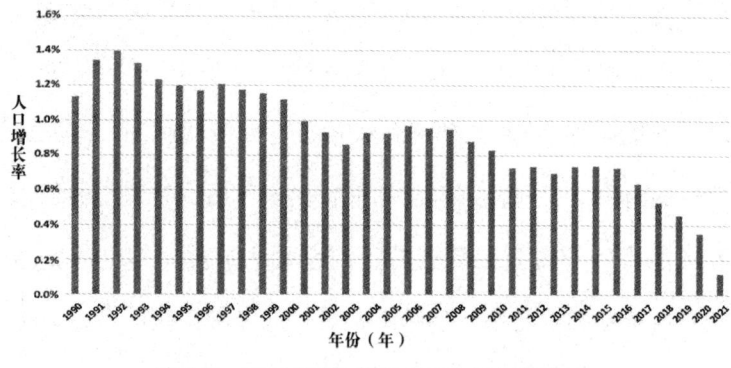

图1.7 美国1990年至2021年人口增长

生产效率方面,美国企业自20世纪80年代至90年代投放机械自动化生产,加上美国的生产薪酬水平较高,本土制造难以提升利润率,而且,由于美国着重发展金融业,部分制造业人才外流；踏入千禧年后，又面临人口老龄化问题，令美国的生产效率持续下降。

当人口增长无法改善经济增长速度，而提升财政赤字、实施量化宽松和低息环境亦无法刺激经济实质增长时，通胀将因为超发货币而出现，美国政府将要被迫进行短暂的减赤，美联储也将随之结束宽松货币政策，届时，美国经济便很容易陷入通缩或滞胀的困境。

不论出现哪一种情况，美国都将面临非常严峻的挑战。若美国步入通缩，这将会增加美债的实质价值，导致GDP出现负增长，在美债占GDP比率进一步升高、经济倒退的情况下，财政收入将会减少，令财政赤字更高。这3个因素将会增加美国出现债务违约的可能性，造成的伤害比通胀更大。所以，尽管美联储采取强硬的辞令，美国在施行紧缩政策上将会非常克制。尤其是，当看到美国国会预算办公室（Congressional Budget Office，CBO）对未来20年美国国债规模的预算和对时任总统拜登实施《2022年通胀削减法案（IRA）》的成效进行预测后，更能够确定这一点。因此，美国将更可能步入长期高通胀的局面，造成美元信心危机。

量化宽松促成企业回购，身家水涨船高

在前文中提到，通胀税是政府施展的"财富盗窃"方式，无声无息地把民众的财富转入政府库房，实现财富转移，这种方法一直运作良好，但在2008年金融海啸后却出现变故。在次贷危机后，美联储实施量化宽松，大量吸收了华尔街的债务及不良资产，令美联储的资产负债骤增，这曾引起市场对美国政府信用的担忧。

在几次加码的量化宽松实施后，美国上市企业掀起了美国史上最大规模的股份回购潮（见图1.8）。对资本家而言，股份回购有3个好处：令企业的每股盈利上升；能刺激股价上升，从而提升股东财富；令资本家取得更多经济份额和财富，且这个行为是完全免税的。即在量化宽松下，资本家可以通过上市公司从市场或金融机构取得超低成本的资金来回购公司股份，实现个人财富增长，却完全不需要支付一分税款。

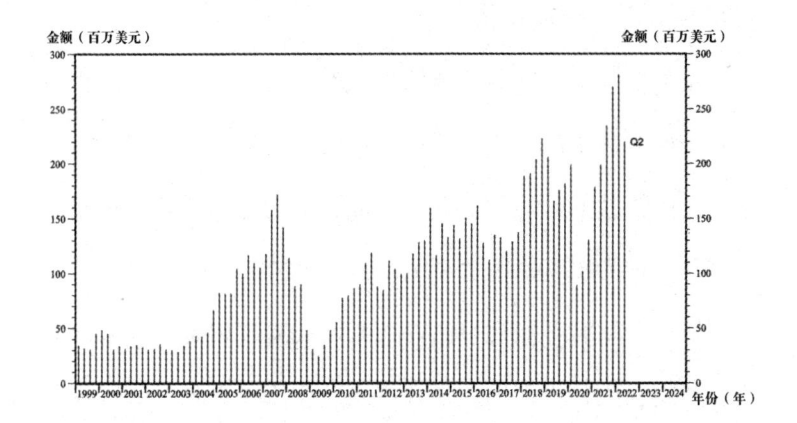

图 1.8　标准普尔 500 指数企业 1999 年至 2022 年第二季度回购金额

美联储几次扩大量化宽松规模，并未能有效引导资金投入市场，无益于经济增长，大量新发行的钞票只留在银行用作准备金；而且，超低息环境也令银行倾向于提高信贷评分要求，只向没有资金需求的富人及大企业放贷。同样地，大企业以低融资成本通过发行债券或银行贷款取得的资金，也较多地被用作储备金、套利和股份回购等缺乏经济效益的活动。当资金未充分用于经济活动时，政府便没办法通过税收来增加财政收入。而资本家利用低息宽松环境，把公共债务转化为私人财富的行为，更进一步加剧了贫富悬殊的问题。这种情况下，政府甚至无法通过税收来重新调配社会资源。

垄断货币发行权而自招恶果

原本由国家或政府垄断的货币发行权,保证了政府能独享通胀税所带来的收入,从而掌握社会财富的分配权。但量化宽松所造就的环境却令资本家成为最大的受益者。对政府而言,这种情况就衍生了3个非常严重的问题:

第一,政府不能简单通过通胀税或通过刺激经济来帮助政府产生税收,进而增加财政收入。这意味着政府的财政赤字问题将会变得更加严重,令以后的财政及金融政策的效能降低,并增加国家违约风险。

第二,更严重的贫富悬殊将衍生更大的社会矛盾,并可能导致国内政治局势不稳、罪案率上升等问题,令社会成本增加。要化解这种深层次矛盾,政府一方面要利用民粹主义的压力,增加资本家对社会的责任;另一方面则需承担更大的财政压力,通过提高社会福利来缓和民粹主义情绪,2020年后美国政府的"直升机式派钱"刺激方案便是一例。自2016年特朗普当选总统后,美国的民粹主义情绪被激活,导致了社会出现分裂现象。而且,资本垄断所造成的社会不公现象,也导致了千禧一代(又称Y世代)和网络世代(又称Z世代)对社会主义的好感要大于资本主义,令美国本土的意识形态分化更显严重。

  第三，资本家利用政府刺激经济的措施把公共债务转为个人财富，在政府看来，这显然是明目张胆地损害政府长期利益的行为。所以，政府一定会设法把这些财富再次回收。

  以上观点我曾在2022年年中时公开讨论过，而在本书执笔期间，拜登政府在2022年8月相继推出了股份回购税和宽免低收入学生的贷款等法案，至于富人税政策的实施也如箭在弦。这一系列措施正是美国政府为了回收资本家所获得的"量化宽松"红利和缓解社会矛盾的做法。

第二部分

货币博弈　力抗强势美元

2.1 操控货币供应，转嫁经济危机

20世纪70年代的美元危机最后得以缓解，要多亏沙特阿拉伯出手相助，令石油取代了黄金成为美元币值的衡量标准。而随着"石油美元"的诞生，美元霸权在20世纪70年代得以重新确立后，美国便积极宣传"全球化"的好处。在全球化背景下，国际贸易量迅速增加。根据世界贸易组织（WTO）的数据，在1970年至1990年间，国际贸易金额的年复合增长率为12.7%，而在2000年至2020年间的年复合增长率则降至5.1%。

在这将近半个世纪的时间里，美国人受惠于更便宜的进口商品、赊购方式所带来的超前消费动机；而新兴国家则可以通过赚取美元来提升自己的财富水平，促使经济急速发展。在20世纪90年代，美国的人均年收入约是23888.6美

元，同期英国的人均年收入则为19905美元。由此可见，美国是当时全球最大的消费国，世界各国向美国出口的金额占全球出口总额的22.47%；相比之下，2020年世界各国向美国出口的金额只占全球出口总额的13.5%。由于美国的人均年收入大幅超越其贸易伙伴，从而难以从其他国家赚取足够抵销本土生产成本的盈余，其他国家往往争先在美国贸易逆差中寻找机会，试图分得更大的市场份额，并认为只要得到美国客户，就几乎能确保促进经济发展。所以，在"石油美元"和美国购买力的双重作用下，这些新兴国家乐见美国的货币扩张政策。

全球化助长美元独大

美国推动全球化当然是为了自身利益。美国理想中的全球化环境，是通过输出低端制造业，令美国企业享有更高的资本回报；只要美国稳稳保持领先的技术水平优势，便可以以更低的成本提高制造业利润和本土的生活水平；而对于拥有较低端制造产业链的经济体来说，即使经济规模大幅增长，也会被困在劳动密集型的死胡同中，永远赶不上美国的经济水平。

而且，就当时的环境而言，推动全球化对美国来说还有4个重大优势：

第一，新兴国家在萌芽阶段，要长足发展便需要吸收资金，而外国为了和美国进行贸易，自然会乐于吸收更多美元资金，美国的全球化策略可以大幅增加美元在全球的使用度。

第二，在美元独大的情况下，美国能够以赊购的方式向产出国购买商品和服务，而在美国付款时，所支付美元的币值，已因为不断发行新钞而贬值。

第三，由于"石油美元"的独特优势，各国为了购买石油，必然需要提高美元储备、增购美债；要驱动多大的商贸，就需要相应比例的货币。所以，全球化令美元的发行量骤增，美国便能够向债权国征收通胀税。

第四，美联储控制了美元的发行量，在扩张时期向外流出的"弱美元"[1]，将会在加息紧缩时期以"强美元"的方式回流美国，令资金连本带利地回归美国资本家的口袋以及美国政府。

---

[1] "弱美元"和"强美元"在外汇市场上用来描述美元相对其他货币的汇率状态。"弱美元"指美元贬值，"强美元"指美元升值。

不过，这就会衍生一个严重的利益冲突问题，当世界货币体系以美元为中心的时候，美元的供需会牵动全球几乎所有国家的贸易、财政及经济状况，但唯一能够主宰美元供应的却是只为美国政府及美国资本家利益服务的机构。同样的道理，美元作为世界货币，它的汇率定价理应反映世界经济的活动状况，但美元指数的权重却被人为地局限在几个同盟国的货币汇率变动中。

自20世纪90年代后，亚洲及其他经济体的经济总量和贸易量比重大幅上升，但美元指数的权重却没有相应的变动，令美国更容易通过同盟国的配合操控美元汇率（见图2.1和图2.2）。奉行资本主义和利益最大化的美联储，便有动机和能力通过调整美元供应和利率水平来支援美国并巩固其地位，即使这些措施会令其他国家受损也在所不惜。总之，资本社会充满竞争，若其他国家因为美联储调整货币政策而受到损害，美国也可以用"市场力量"的借口把责任推得一干二净。

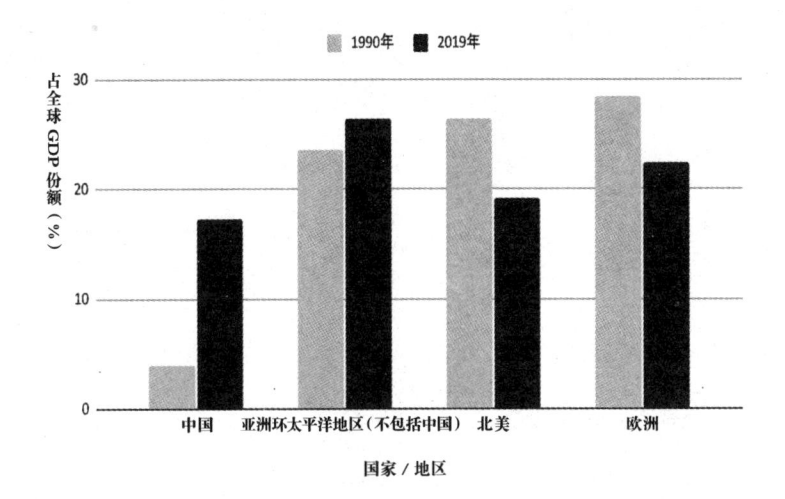

图 2.1 中国占全球 GDP 份额增长高于全球其他地区

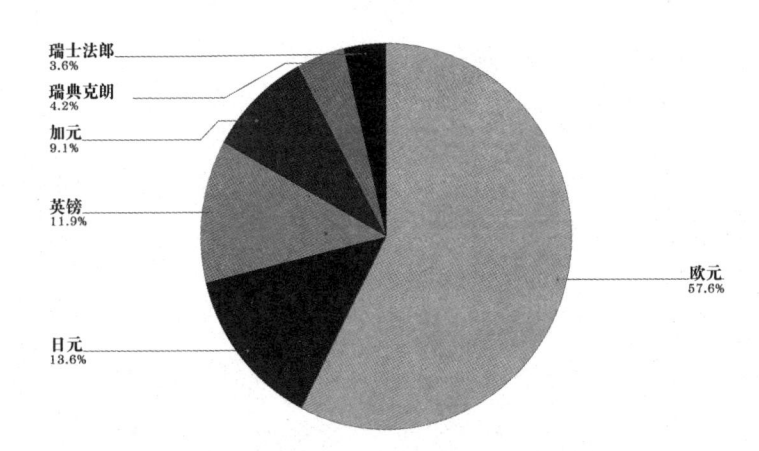

图 2.2 1973 年后，美元指数中主要货币的权重

自由经济的陷阱

自20世纪80年代起,美国推动全球化,里根的新自由主义逐渐成为新兴国家的模仿对象。新兴国家在经济起飞时,由于听从了美国的意见,容许金融业及资本账户全面开放,使得国际资金能够自由出入。当美国减息及实施宽松政策时,美元踊跃流入亚洲新兴经济体,令这些国家能够享受一时的繁荣,但资金大量流入也令这些国家的外债骤增,埋下金融泡沫和国家债务危机的伏笔。当美国"收水"[①]加息时,资金将因为这些国家的经济预期转淡和息差缩窄等原因而大举回流,此时这些国家的经常账盈余逆转、外汇储备流失,并因此形成国家债务危机。

1997年亚洲金融危机便是以这种形式发生的。20世纪90年代,美国向外输出制造业,在1990年至1997年间,亚洲国家依靠出口带动经济高速增长,与经济增长放缓的西方国家形成对比,令全球的资金流入亚洲国家寻求较高回报。根据1998年世界银行有关东亚的研究,流向发展中地区的私人资金由1990年的约420亿美元,以年均增长率近30%增长至1997年的2560亿美元。外资持续流入,亚

---

① "收水"指银行通过货币政策工具控制货币供应量的行为,如提高银行利率。

洲地区普遍出现流动资金充溢、信贷迅速膨胀的情况。而到了 1995 年后，世界贸易增长大幅放缓，日本央行压低利率令日元兑美元贬值，造成亚洲地区出口竞争激烈，经常账赤字迅速恶化。国际资金察觉到新兴亚洲经济出现疲软迹象，随即引发资金流急速逆转。其中，金融大鳄乔治·索罗斯（George Soros）通过沽空泰铢，导致泰国把外汇储备消耗殆尽，最终泰国成为最先放弃与美元挂钩的国家，泰铢汇率骤跌，对其他亚洲国家的货币造成了巨大压力，亚洲金融危机由此展开。

2022 年 7 月 4 日，马来西亚前总理马哈蒂尔·穆罕默德（Mahathir Mohamad）接受了《日经新闻》的采访，在提及应对亚洲金融危机的经验时，作了以下总结：国家需要建立强大的外汇储备，并要对国家货币的交易有充分了解，以防止货币受到攻击；而在亚洲金融危机发生后，由美国拥有最大话语权的国际货币基金组织（IMF）及世界银行根本不理会其他国家的状况，甚至想通过接管别国的控制权而令其屈从。

后来马来西亚不再跟从 IMF 建议的缩减开支和加息吸引资金流入等措施，反而增加财政开支、重新与美元挂钩及实施资本管制，这使马来西亚比印尼及泰国等国更快地稳定了货币市场，并从危机中恢复。

借加息转移债务违约风险

在过去半个世纪中，美国已多次通过控制全球货币供应，影响金融市场的动向，间接促成其他国家出现债务危机，以此来解决自己的经济问题。除了1997年的亚洲金融危机可作为例子，这种情况还可见于以下两个例子，20世纪80年代，以美国为首签订的《广场协议》令日本经济随后陷入失落的30年；2008年，美国的房地产泡沫破裂，最终引发全球金融海啸，并间接导致欧债危机发生。如今，美联储美其名曰是为了控制通胀而加息，实情是为了避免美国因为陷入长期滞胀或通缩而导致美元危机的出现，人为造成其他国家率先出现经济危机，而令市场重拾对美债的需求，从而转移美国的债务违约风险。

我们要理解一个事实，即财富是具有相对性的，没有绝对的富有或贫穷，财富的多少在于是否拥有或能够控制比别人更多的资源。美国因为拥有控制货币发行的权力，就等于拥有了转移财富的能力。美元霸权是一个非常方便的工具，每一次遇上经济困境，美国与其耗尽力气令自己重新振作，不如直接把其他人的财富拿走更方便。当有国家因为资金迅速流走而出现债务危机甚至破产时，它本是在货币系统的"账面"上被破产，但却要以"实体产出"偿还。若按"现代货币理论"的说法，政府可以无限量地提高财政赤字和债务的方式来刺激经济，但现实是，只有垄断了世界货币体系的美元可以如此，若其他国家的债务水平超过GDP的100%，会立即被调降信用评级。

2.2 拖累别国汇率，造就强势美元

上文强调美国正面临的各种经济问题，但实际上是更核心的信心问题。早在本·沙洛姆·伯南克（Ben Shalom Bernanke）就任美联储主席的年代，他就提到了货币政策对经济刺激的效用正在减弱，而到了珍妮特·耶伦（Janet Yellen）执掌美联储时，也提出了质疑——当量化宽松和零息政策都已经出台，若美国经济再陷入衰退，美联储还有什么刺激工具可用呢？美国经济就似一辆老爷车，每一次经济危机发生时都通过量化宽松加油的方式提升动力。当2008年金融海啸发生时，加油已再无效果，美联储就为这部引擎额外添上外置引擎，但现在外置引擎也要失效了，经济活动及需求仍不够充足，而通货膨胀却要爆发了。

如今面对通胀，美国实施紧缩政策又将如何呢？对内，

美国政府需要应对民粹主义抬头和老龄化等问题，福利和医疗方面的财政开支将会持续上升。对外，地缘局势紧张的氛围令美国不敢冒险放慢军事开支增速，G7为抗衡中国共建"一带一路"而启动的全球基建和投资伙伴关系项目，必然会令军事和外交的开支持续增加。若美联储要落实紧缩政策，令市场资金减少，又有谁会去购买美国国债，支撑美国的只增不减的庞大开支呢？

当政府财政开支无法缩减的情况下，若紧缩政策导致私人市场萎缩的话，美国便会陷入通缩困境，从而进一步凸显美国的债务水平和偿付能力问题。而且，私人市场萎缩意味着市场的投资意欲下降，这将令美国低生产效率的问题进一步恶化，从而对长远的经济发展造成更深的负面影响。

面对这些困境，美国的应对措施是推动逆全球化策略，提倡本土制造，一方面刺激本土就业，另一方面也可降低贸易赤字和对中国的依赖。不过，推动本土制造非常困难且耗时，因为要建立完整的生产链是一个超长期的战略。而且，以美国的工资水平和目前的生产效率，此举将会令美国出现"工资—价格螺旋（wage-price spiral）"，即工资上升会增加可支配收入，从而又增加对商品的需求导致物价上升，这将使美联储想成功治理通胀的希望变得更加渺茫。

利用日元贬值制华

很明显，单靠自己的政策和工具，美国已无法扭转经济衰退或滞胀的趋势。但美国可以做的还有其他事，例如，可以寻求即使自己经济步入衰退或滞胀但不至于引发债务危机的方法。当其他国家率先步入衰退及出现债务危机时，美国国债就能够顺利地继续担当避险资产的角色，令美债需求增加。因此，美联储便着手加息及营造强势美元的印象，把美元资产塑造成既安全又有合理回报的投资工具。

但要打造强势美元并不是件易事，尤其是当美债已开始受到市场怀疑的时候。2022年6月，十年期美债收益率已突破3%，但市场对美债需求仍未转强。一方面是因为市场相信通胀未见顶，利率仍会上升，另一方面是因为美元作为储备货币的份额下降，各国央行陆续减持美债。更明显的情况是，美联储在6月开始缩表（收缩资产负债表）时，美元汇率曾一度不升反跌，而中国市场却有资金流入股市。

此时，作为美国盟友的日本，要重演1997年压低日元汇率来帮忙造就强势美元的一幕。日元也属于避险资产，若日本央行不显示日元弱势的决心，当美国出现衰退时，资金很可能反而会增持日元。而日元弱势，才可令美元继续走强，若美元兑日元升至或超过150水平（见图2.3，美元兑日元曾于2022年10月21日触及151.93），则很可能会触发新兴市场资金进一步回流美国，亦能够将通胀转嫁至亚洲国家，尤其是当亚洲国家通胀水平仍远低于美国时。

对美国来说，日元贬值至少有两个战略作用。第一，美国要缓解通胀，但短期仍要依靠中国出口，尤其是较高技术的电子及汽车工业。日元贬值能在中期提升日本出口的竞争力，能够起到以日制华的作用，相信美国会渐渐增加日本货品入口，对日贸易逆差会增加。

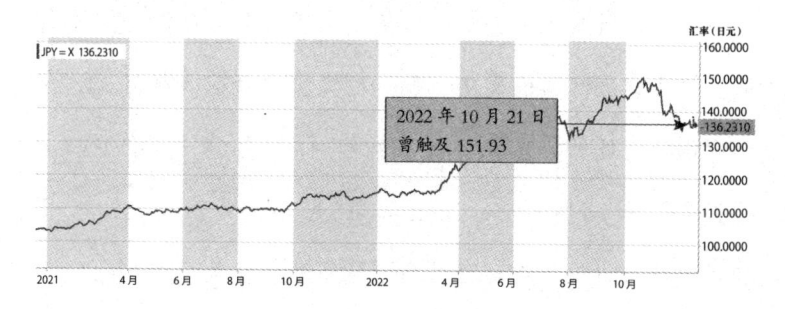

图2.3 美元兑日元2021年至2022年汇率

注：数据截至2022年12月15日。

第二，全球只有两大储备国及债权国（中国和日本）有能力在美国加息的情况下继续维持宽松货币政策。资金流向受确定性和回报率两大因素影响，而最靠谱的自然是美元、日元和人民币。所以，美国加息和日元贬值配合，能够令美元指数大幅上升，营造美债资产有收息、有增值的假象，以加强新兴市场资金回流。1997年亚洲金融危机时，美元升息资金回流，中国宣布人民币与美元挂钩，以协助亚洲汇率"筑底"。所以，若日元的贬值令美元升值预期升温，对中国和其他亚洲国家都是压力。不过，日本作为高储蓄国，日元贬值只会令本土购买力下跌，日本又到底能坚持补贴美国多久呢？

不过，日本也不会坐以待毙。由于日本央行持有大量美债，日本金融政策向美国倒贴的行为已令日本债券市场隐约出现危机，比如日本央行在2022年12月调整其"收益率曲线控制"（Yield Curve Control，简称YCC）政策，为未来加息铺路，意味日本以牺牲本国利率回报补贴美国的行为将画上句号，有经济学家形容日本此举犹如"偷袭"了美国的"金融珍珠港"。此外，日元汇率在2022年10月曾跌穿150水平，但经济学家预期中的亚洲金融危机并没有发生，这反映了亚洲国家累积的经济实力，使美元霸权不易得逞。

推动中国资产"不可投资"

另外，美国也在积极营造中国资产"不可投资"（uninvestable）的印象。例如，中国公司赴美上市的历史已有20多年，而在2011年之前中概股被指存在会计违规行为的企业便多达数十家，美国上市公司会计监督委员会（PCAOB）对中概股审计质量早已提出关注。但中美审计风波却要到2020年年底时任美国总统特朗普签署《外国公司问责法案》（HFCAA）后才正式发酵。美国开展金融宣传攻势自然少不了华尔街大行。

摩根大通（J. P. Morgan Chase & Co.）在2022年3月的一份研究报告中，曾将中国科技股描述为"不可投资"股票，理据是国际投资者开始消化中国地缘政治风险且对监管风险的担忧上升，并把多支中概科技股的目标价大削三至八成。故事的后续发展是，摩根大通展开内部调查，最终认定是编辑方面出现了错误，错用了"不可投资"这个形容词。不过，当时分析员大削目标价就肯定与编辑无关了，摩根大通之所以公开表态认错，是迫于中国方面压力的缘故。

货币之争，既是认受性之争，亦是信心之争。美国要防止有美元的替代品或补充品的出现，便要从多方面打击对手的市场信心。可以肯定的是，面对潜在及有能力的竞争对手，美国将会继续对其经济及金融层予以打击的策略。

不过，美元自身存在的问题是，它所衍生的交易成本正在快速上升，这主要体现在通胀和使用美元所带来的风险成本两方面，而美元的相对认受性也在下降，这主要体现在贸易份额和储备两方面。

2.3 国际经济：酝酿去美元化

货币的选择是基于它的市场性及其所衍生的边际交易成本，我们通过这两个特质就容易了解美元能够成为世界货币体系中心的缘由，但随着世界经济结构已出现重大转变，美元在这两个特质上的相对优势也逐渐减弱。

从边际交易成本来看，持有美元可以交易任何商品，所以先换取美元再购买商品所产生的损耗很低。但使用美元仍然需要付出不少成本，例如兑换美元的价差成本、美国通过发行货币所征收的通胀税等。

不过，这部分的交易成本在大部分情况下都较低，只要美国经济继续增长，各国从美国赚取的利润自然可以弥补这些成本。另外，美国向外输出经济危机其实也是一种成本，但因为较难确定危机会在什么时候发生，却可以肯定在危机发生前的很长一段时间里，沿用美元会继续为自身经济带来好处，从而导致这种最致命的风险往往更难被察觉，甚至被忽视。因此，各国对于沿用美元的交易成本，一直保持接受和容忍的态度。

不过，新冠疫情暴发后，出现了一个重大的转折点。美联储在短短一年间把量化宽松的总规模扩大了一倍，印钞的速度提升了10倍，这意味着随之而来的通胀规模也会是过去10年平均值的数倍甚至是10倍。2022年6月，美国的消费者物价指数上升到9.1%，若按未改制前的计算方法，消费者物价指数更是高达18%，是过去10年平均约2%的9倍之高。

若把消费者物价指数升幅看成美国向外征收的通胀税，考虑到一般生意的平均净利率约为10%，那么2%通胀税的交易成本还是可以接受的，但当通胀税高达9%时，就已经把大部分利润都蚕食掉了。而且，美国已出现工资—价格螺旋，几乎可以肯定高通胀将会维持很长一段时间，有许多的经济学家建议美联储把通胀目标从2%调升至4%。但4%的通胀税成本仍然是2%的两倍，这对于美元的交易效率是重大的打击。

因此，即使美联储早在 2020 年就宣布了新政策框架，批准调整通胀目标，市场亦无人相信美联储可通过加息或紧缩使通胀回落至 2%，但美联储对外需坚定地维持 2% 的通胀目标。因为，若美联储公开正式承认提高使用美元的通胀税成本，很可能会加速国际贸易市场寻求美元以外的替代品。

实施长臂管辖，制裁成瘾

2014 年，法国巴黎银行（BNP Paribas）因为利用美国金融系统向美国实施制裁的国家包括苏丹、伊朗和古巴三国转移资金，违反了美国禁令。为此法国巴黎银行要支付 89.7 亿美元罚款，这相当于该行两年的收益。为此，时任法国财政部部长米歇尔·萨班（Michel Sapin）曾表示"我们认识到使用（美元以外）其他货币的必要性"，从此开启了欧洲政坛关于去美元化的讨论。

美国的"长臂管辖"制度容许美国起诉所有使用美元的公司，这就使跨国公司担心被制裁和被美国市场排斥。中国社会科学院金融研究所研究员郑联盛曾指出，美国财政部以司法管辖区作为界线，将制裁分为两个级别：针对非美国实体的次级制裁凸显了美国的域外管辖权；还有对个人或私人部门银行的单点式制裁、对国有大型金融机构的打压式制裁、对中央银行的破坏式制裁和对特定国家的紧急资产冻结等模式。这种被美国"掐住喉咙"过活的日子，不少国家及企业早已产生了反感。而且，若与美国交好及同盟的法国也受到了美国司法和政府部门的施压，那其他非同盟国又该如何自处？

美国利用金融制裁实现外交及经济目的的效果显著，被美国列入制裁名单的国家不断增加，制裁种类日趋丰富，制裁的力度日趋提升。例如 2019 年，美国对伊朗实施"最高级别制裁"，对象包括伊朗中央银行、伊朗国家发展基金以及一家伊朗企业，伊朗中央银行在美国的资产被冻结。这是美国首次针对国家中央银行进行的全面制裁，最终断绝了伊朗央行与其他中央银行的交流合作。

2022 年 2 月，俄乌冲突爆发，美国及其盟友随即对俄罗斯实施了多方面的金融制裁：第一，把俄罗斯主要银行列入"特别指定国民和被封锁人员"（Specially Designated Nationals and Blocked Persons）名单，即冻结了俄罗斯主要银行在美国的资产；第二，把 7 家俄罗斯银行从国际资金清算系统（SWIFT）体系中移除，使俄罗斯银行难以在国际金融往来中参与国际金融交易；第三，冻结了俄罗斯央行存放在西方国家的外汇储备，俄罗斯央行拥有约 6300 亿美元外汇储备，其中约 3000 亿美元存放在西方国家的中央银行或托管银行中，全都被冻结。不过，时任美国财长耶伦也坦言："目前在美国，政府没收这些（资产）是不合法的。这不是美国法律允许的事情。"

制裁俄罗斯的两极意见

在美国对俄罗斯实施金融制裁之初，美国政府和 IMF 曾联手发动宣传攻势。一方面，白宫引用专家预测说 2022 年俄罗斯 GDP 将缩减高达 15%，并会抹杀其过去 15 年的经济成长。另一方面，IMF 首席经济学家古林查斯（Pierre-Olivier Gourinchas）则认为欧美对俄实施制裁将令其经济近期内无法复苏；而且，若制裁扩大至能源出口，将导致俄罗斯 2023 年前的经济产出缩减高达 17%。时任美国总统拜登更是夸夸其谈说"卢布已几乎沦为瓦砾"（Ruble is almost reduced to rubble），并认为俄罗斯卢布汇率要跌至 1∶200。（执笔时间为 2022 年 12 月 1 日，卢布汇率为 1∶60.56，全年高位为2月的1∶135.8。）

华尔街在此时则出现了两种截然不同的声音，一方面，投资银行的经济师和分析员几乎清一色地认为俄罗斯经济将会崩溃，并预测其GDP将会出现双位数的跌幅，其中，摩根大通分析员认为俄罗斯经济将会在第二季度大跌35%。但同一时间，华尔街高层却极力游说美国政府不要以SWIFT作为武器对付俄罗斯。摩根大通行政总裁杰米·戴蒙（Jamie Dimon）在2022年3月1日指出，SWIFT是过去时代的遗留产物，以SWIFT制裁俄罗斯的措施将会徒劳无功，并将会在未来几年适得其反，破坏美元（和欧元）的储备货币地位。

结果如何呢？截至2022年年底，暂时是应验了戴蒙的预测，俄罗斯经济未见受到严重负面影响。俄乌冲突爆发后，俄罗斯卢布兑美元曾大幅贬值25%，俄罗斯股市出现崩盘并一度暂停交易，数百家欧美企业撤出俄罗斯……但这些影响都非常短暂。俄罗斯第二季度经济只同比下跌了4%，当地服务业、制造业和劳动市场的情况都比预期好；相比之下，2020年第二季度疫情时期俄罗斯经济跌幅更严重，GDP下跌了7.4%。限制俄罗斯能源出口更是徒劳无功，欧洲减少对俄石油进口比原先预计的少很多,中印和其他国家对俄石油进口上升,根据公开数据,俄罗斯每日的石油出口保持在700多万桶,并未有明显减少。而且,制裁措施限制了欧洲进口俄石油,令国际能源及商品价格大升,反而刺激了俄罗斯出口收入,令其第二季经常账盈余高达701亿美元,创28年历史新高。至于俄罗斯卢布也未有如拜登所言汇率跌至1∶200,随着俄罗斯央行大幅升息至20%并控制资本外流,卢布急剧升值至战前水平,自俄乌冲突爆发至2022年9月初,卢布升幅接近40%,令俄罗斯央行反而要调头减息。

虽然俄乌冲突仍在进行,欧美仍在不断加大对俄罗斯的制裁,但俄罗斯卢布汇率回升、通胀缓和、经济活动及金融市场也逐渐恢复正常,俄罗斯的经济表现比所有专家最乐观的预测还要好。这不仅反映了俄罗斯的经济韧性比预期高,也显示出俄罗斯有能力绕过美元体系继续保持其实体经济业务。更重要的是,即使美国恐吓会对继续与俄罗斯开展贸易的国家进行二级制裁,但仍有共占全球GDP逾40%的100多个国家和地区保持与俄罗斯的贸易,同为能源大国的阿联酋更是与俄罗斯往来频繁,欧洲则尴尬地展现出其无法摆脱俄罗斯能源供应依赖的窘态。

多国新机制改写SWIFT独大局面

上文提到西方国家对美国利用SWIFT制裁俄罗斯产生分歧。SWIFT是由全球银行出资于1973年建立的国际资金结算网，是国际结算体系的重要构成部分。SWIFT系统是全球跨境金融信息传输最主要的通讯渠道、资金往来结算的一个报文系统，并由其会员银行负责运作，每天处理超过200个国家和地区的跨境金融业务，以及逾11000家金融机构数百万笔支付指令。理论上，SWIFT应保持中立，但实际上却由西方国家主导，董事会也被北约垄断。若一个国家被踢出SWIFT系统，几乎就等于被切断了与国际金融体系的联系，资金的往来就很困难。

不过，SWIFT一家独大的局面正在被改写。全球多个国家正在探索在国际贸易中使用双边和多边货币协议结算交易，并推进外汇储备多元化，以多种方式实现去美元化。

自法国巴黎银行罚款事件开始，欧洲一直寻求去美元化的途径。2019年，法国、德国、英国共同成立了一个新的贸易往来支持工具INSTEX（Instrument in Support of Trade

Exchanges），并获得了比利时、丹麦、芬兰、挪威、荷兰和瑞典的支持。在美国主导的体系外，INSTEX不使用美元，而是通过以物易物的模式，让伊朗继续出售石油并进口其他货物或服务，以帮助欧洲银行绕过美国制裁与伊朗进行交易。

作为INSTEX的创始成员，德、法、英三国在脱欧问题上水火不容，但在去美元化的立场上却非常一致，即宁可开罪美国也要和伊朗保持往来，反映出欧洲对美元霸权的容忍已到了临界点，并准备采取实际行动。

INSTEX难以抗衡美国

欧盟委员会前主席容克（Juncker）曾指出，欧洲每年进口价值3000亿欧元的能源，只有2%来自美国，但却要用美元支付80%的能源进口账单，而欧洲企业购买欧洲制造的飞机也需要用美元结算，并形容这种情况很荒唐。由此可见，虽然INSTEX的出现是因为美国对伊朗的制裁，但欧洲对自己过度依赖及使用美元是充满抱怨的。

因此，可预期INSTEX会进一步扩充，若俄罗斯、中国、印度等大国也一同加入将会对美元地位造成严重打击。

只不过，在俄乌冲突等问题上，欧洲认定与美国有更大的共同利益，令 INSTEX 难以成为与 SWIFT 抗衡的力量。试想，若作为与美国友好的欧洲国家都试图对美元霸权作出某种程度的反抗，其他与美关系较疏远的国家也很可能会作出响应。美国加倍使用金融制裁和美元武器化的手段，对受制裁国家固然会造成影响，但对美元信用的损害会更大。

在美国对俄罗斯实施制裁，尤其是把俄罗斯踢出 SWIFT 后，很多国家对继续使用美元进行国际贸易结算产生疑虑。但欧盟各国为了维护西方政治及资本主义的团结和发达国家称号所带来的优势而被迫向美国靠拢。

金砖五国推出新支付系统

俄罗斯对被美国施以金融制裁是早有准备的。早在 2014 年，俄罗斯银行已研发出替代 SWIFT 的金融信息传输系统（System for Transfer of Financial Messages，简称 SPFS）；在 2015 年还推出了自己的电子支付系统米尔（MIR）。在制裁实施后，俄罗斯银行迅速发表声明将使用 SPFS 用于俄罗斯境内的支付。根据俄罗斯银行网站的资料，至少有 331 家国内外银行加入了 SPFS，其中包括来自德国、瑞士等的

23家外资银行。而在2022年6月，俄罗斯央行公布已经有来自12个国家的共70家银行接入了SPFS。

同样被美国处以最高级别制裁的伊朗，也启动了伊朗里亚尔/俄罗斯卢布货币交易。邻近的土耳其也与俄罗斯协商双边货币协议，包括用卢布购买俄罗斯能源，并接受俄罗斯游客在土耳其使用卢布消费。

俄罗斯作为发展中国家的代表，在2019年已开始着手发展一种属于金砖五国的单一支付交易体系，并开发出"金砖五国加密货币"。而在俄罗斯被制裁后，金砖五国将商讨扩大本国货币的使用，整合五国的支付系统并成立自主结算网，以减少使用美元。金砖五国之间的投资占全球总投资的20%以上，国土面积占全球的26%以上，人口总数更是超过世界总人口的40%。随着多年以来的财富累积和中产人口上升，可以预见金砖五国的资金流量占全球的比重会越来越高，若它们共同减少美元的使用，将大大撼动美元的地位。

在金砖五国当中，经济份额最大的中国是抵抗美元霸权的重要力量。在去美元化的过程中，中国早在2015年已推动人民币跨境支付系统（Cross-border Interbank Payment System，简称CIPS）的发展，积极推动了人民币国际化的进程。虽然人民币跨境支付系统的交易量比 SWIFT 少，但 CIPS 的成交金额增长非常迅速，2022 年上半年 CIPS 系统处理的日均交易额是 2016 年的 21 倍。

东盟支付网络绕过美元结算

在推动去美元化的进程中，又怎么少得了曾深受 1997 年亚洲金融危机之害的国家。2020 年，美国指摘越南、泰国，并将两国新列入汇率操纵观察名单，加上之前已经被列入观察名单的新加坡和马来西亚，东南亚主要经济体几乎都被美国指称操纵汇率，而印尼虽然未被列入观察名单，但也正处于美国的"301 调查"[①]，东南亚各国随时有被制裁的可能，这使东盟国家更迫切地想要建立自己的支付网络。2022 年 7 月，东盟五大经济体：马来西亚、印度尼西亚、泰国、新加坡和菲律宾，宣布达成共识成立区内的集成支付网络进行支付，让东盟各国国民可以通过这个集成支付网，从而绕过美元直接进行外汇结算。

---

① "301 调查"是美国依据"301 条款"进行的调查，"301 条款"是美国《1974 年贸易法》第 301 条的俗称，该条款主要保护美国在国际贸易中的权利，美国可以根据这项条款对它认为是"不公平"的其他国家的贸易做法进行调查。

近年经济急速发展、经济潜力最大的非洲大陆也不甘落后。2022年1月，非洲自贸区宣布正式启用泛非支付结算系统，旨在协助非洲国家摆脱对第三方货币的依赖，节省货币兑换的成本。通过这个泛非支付结算系统，非洲国家之间的贸易，可以不需要先兑换成美元就能以本国货币进行结算。2021年6月，西部非洲国家经济共同体（简称西共体）15国决定于2027年发行统一货币"ECO"，而现时其中8个国家正使用与欧元挂钩的西非法郎（FCFA），对美元地位会造成影响。

除了成立支付系统以外，各国也在增加自己货币的使用率和对非美元货币表示出更大支持。例如，自俄乌冲突以来，印度已分别使用阿联酋币购买俄国石油、人民币购买俄罗斯煤炭和其他商品，并推出新机制以印度卢比进行跨境贸易结算；东南亚国家使用人民币也更加趋于普及，2021年中国—东盟跨境人民币结算量达到4.8万亿元，在10年间增长接近20倍。

去美元化绝不是零星国家的提议，欧洲、亚洲、中东和非洲等地的国家，对于继续依赖美元作为主要贸易货币的现状，都显示出了要推动货币改革的决心。很大原因在于使用美元的交易成本越来越高昂，而且美国使用货币武器化的风险也越来越高，美国再不是那个拥有绝对购买力、不可替代的唯一买家。

增加非美元及黄金资产

去美元化除了在国际贸易间加速进行，各国降低了美元的使用率，并且为了互相提升非美元货币的信心，也相应地提升了非美元资产储备，从2000年至2021年，美元在全球央行中的储备比重从74%降低到了59%。在各国央行增购的非美元资产中，最明显的是黄金储备。根据世界黄金协会（WGC）的统计，截至2021年9月，各国央行的黄金储备总量合计约3.6万吨，为1990年以来最高水平，在过去10年间，各国央行的黄金储备增加了4500多吨或15%左右。而在2019年至2022年年初期间，全球央行的黄金净采购量已超过2800吨。特别是被美国制裁的俄罗斯，在早几年曾经是主要黄金买家。

黄金的需求从其价格可以看出，2022年以来，美联储上调利率至3.25%，令美元指数相较2022年年初上涨了13%。尽管黄金价格一直较为波动，并已从2022年的高位回落，但同期黄金的价格只下跌了约 6%，相比全球主要货币，其下跌幅度都要轻微，而同期的美国标准普尔 500 指数的跌幅更是超过了 20%。可见，黄金的抗跌力足以使其作为一种强力的避险资产。

2.4 取代美元霸权的潜在挑战者

美国人为地操纵美元指数的权重，独揽作为"世界货币"供应量的控制权，以及通过免责手段和其他例如宣传及调动金融力量等方式，令美元、美债和美国股票市场都曾出现虚涨的情形。造成的后果是，其他具有生产力和丰富资源的国家，它们的币值、资产值和购买力被这所谓的"市场因素"不合理压低，而被置于极不公平且脆弱的位置，当美国出现重大货币政策转向时就很容易出现金融危机。有趣的是，身处"发达地区"的民众，却因为不明白这些"不公平待遇"的成因，反而把更多的责任归咎于这些受害的国家。

不难想象，任何国家都希望自己能取代美国的地位，取得可支配全球的货币霸权。但有哪一个国家能够做到呢？市场的目光望向欧元、人民币、日元等次大国际货币和数字货币，但暂时没有一种货币能完美地替代美元。若有任何货币想要成功取代美元地位，它必定要在交易成本和认受性两方面完胜美元。而且，要想推倒一个沿用已久的体系，新的替代方案必定要为市场提供更大的信心，至少需要有与美国相当的经济规模和令市场信任的市场体系。美联储在2021年10月6日发布过结果类似的研究报告，指出美元的3个潜在挑战者包括欧元、人民币和数字货币，但这些货币目前各有自身的问题，并认为在可预见的未来内，美元地位似乎不太可能下降。

日元——附庸美国多受掣肘

在20世纪60年代至70年代，日本经济的急速增长曾令美国感受到了压力。于是，在当时日本经济的全盛时期，美国却对日本施压，让日元升值和开放资本账，间接导致日本经济陷入数十年的低迷期。日本在经济增长缓慢、人口老龄化严重的今天，其提升国际话语权的可能性微乎其微。而且，虽然日本在2010年前曾长期保持贸易盈余，但由于日本以加工业为主，本币在国际贸易中的空间相对有限，从而限制了日元的国际化进程。其次，虽然日本是重要的国际金融中心之一，但日本央行却是日本股市的最大股东，若撤除了日本央行对股市的支撑，日本金融市场的活跃度、交易量和流动性各方面都非常低，这也限制了日元的国际化进程。

欧元——成员国财政差异大、难发展

相比日元而言，欧元在国际贸易及金融市场的使用度就高得多了，而且，欧洲是推动全球可持续发展和金融趋势的先导者，在金融领域方面的监管更具优势，这也是欧元话语权的重要支撑力量之一。不过，欧元仍有很多缺陷，比如欧元区各成员国的财政状况和经济表现差距巨大，而且，成员国必须遵守相关规定，例如财政预算及赤字占GDP比例不得超过3%，也禁止金融机构和国家央行对财政赤字提供融资（讽刺的是，美国以此为自己的优势）以防对其他成员国产生溢出效应。过多的规范和格式化的要求，限制了成员国对经济提供有效的支持，也降低了根据自身国情进行政策调节的灵活性。

事实上，不少欧元区成员国的债务和财政赤字水平已超过规定，令欧元区政策的约束力形同虚设，也成为欧洲央行的信心缺口。再者，2022年欧洲出现的能源危机、粮食危机和通胀危机等情况，也可看出欧洲经济结构的对外抗逆韧性低、欧盟的对内利益博弈分化严重等问题，导致欧元体系日益庞大但架构脆弱。

人民币——资本管制另辟蹊径

中国的经济规模仅次于美国，而且随着民间财富在过去30年的不断累积，作为世界第一人口大国，中国的内需日渐增强，也逐渐成为不逊色于美国的购买力量。在全球贸易方面，中国早已超越美国成为不少国家的最大贸易伙伴，还通过积极推动人民币跨境支付系统的成立，签署数十种不同类型的互换协议和发展数字人民币等方式，确保了人民币可跨过 SWIFT 系统，在国际贸易中扮演日益重要的角色，并且人民币早已是世界第二大贸易融资货币。

在俄乌冲突发生后，人民币在国际贸易中的使用度进一步提升，尤其是沙特阿拉伯接受以人民币计价部分石油出口、以色列把人民币纳入外汇储备货币、亚洲各国也加紧推进更多以人民币计价的贸易活动等，都反映了人民币在国际舞台的重要性在持续提升。而且，IMF 在 2022 年 5 月已把人民币在特别提款权货币篮子的权重提升至 12.28%，这也显示出人民币在外汇储备货币构成（COFER）中2.88%的占比将会有很大的上升空间。

人民币在国际上的话语权的确在持续增强，但不可能在短时间内取代美元。有一种说法认为，为实现受管理的浮动汇率制度，中国坚持资本管制，限制了资金的自由浮动；我认为这种模式虽然促进了中国经济发展，避免了几次美国向外输出的金融危机，但同时也限制了人民币的国际化进程。不过，这种立论的角度是出于一种"不被察觉"的偏颇。因为，在美国仍然是全球货币体系操纵者的环境下，开放资本账和利率自由浮动就等于接受以美元为主导的游戏规则并遵从于它的力量，而根本不是真正的自由市场中的自由浮动。所以，从中国积极实施增加互换协议、离岸人民币结算和数字人民币的系列措施来看，中国要实现的是在美元体系以外，建构一个以人民币为主的新多元货币国际货币体系。

漫长的美元弱化期

不过，就目前而言，即使在国际贸易层面上，美元的角色已被淡化，但任何国际系统或规则的转变，都会出现较长的探索阶段和过渡期，而由于美元在全球金融资产的定价和交易上仍然占有绝对的主导地位，它作为储存财富的功能地位仍然非常稳固，美元角色在金融层面上的变化将需要更多的时间，或是在贸易层面上已出现明确的淡化趋势时才会开始发生。而且，美元地位若被扳倒，全球资产将会缩水，那么对持有美元资产的债权国来说，将面临大规模的撤账亏损，这对中国或其他国家来说显然弊大于利。所以，站在美元使用者的立场，继续维持美元的地位有其必要性，美元在金融领域被弱化的过程所需的时间要比在贸易领域长得多。

关于构建以人民币为主导的新货币体系的有关讨论，在2022年1月，我曾提到，美联储"收水"令全球资金由松转紧，若中国人民银行能在此时"放水"[①]弥补资金缺口，相信各国很乐意看见由美联储与中国人民银行两大全球央行并驾齐驱的局面。但中国政府表明了人民币不取代美元、不进行金融冷战、人民币与美元互补协同的观点。例如，在2022年4月，中国人民银行原行长周小川在"2022清华五道口全球金融论坛"中指出，数字人民币是以零售为出发点，而CIPS在设计和功能上与SWIFT不同，并认同SWIFT的地位和作用难以替代。而在2022年8月，时任北京大学

---

① "放水"是指银行通过货币政策操作增加货币供应量的行为，刺激经济增长。

汇丰金融研究院执行院长的巴曙松也在《国际金融》杂志撰文，比较 SWIFT 和 CIPS 的异同，并强调两者之间没有竞争性，并提倡两个系统"互补并行"和"协同发展"。

至于人民币能否成功建立一个新的货币体系，由于现阶段仍是起步阶段，这一问题还有待考量。可以明确的是，对中国及其贸易伙伴而言，使用人民币或本币作为贸易媒介的成本肯定要比使用美元更低。但认受性和信心才是关键，即中国要如何展示出"中国特色社会主义"要优于现行普及的资本主义呢？

2.5 霸权摇摇欲坠：美元的还击

美元地位将会没落？这是难以想象的事情，你可能会觉得但凡提出"美元没落"这种论调的都是些危言耸听或者是仇美的人，但如果提出美元霸权地位不保的是美国的 IMF，则又要如何看待这一问题呢？

2022 年 6 月，IMF 的经济学家联合发文，表示美元作为全球储备主要货币的地位正在发生变化。主要原因是：美元在全球外汇储备中的占比下降；非传统货币市场的流动性不断上升，令各国央行对非传统外汇储备的兴趣增加；在十年期美债收益率下降的情况下，各国央行转向收益率更高的债券；新金融科技的崛起使小型经济体的货币交易成本更低。

作为美国投资银行界的两大巨头，摩根大通和高盛相继表现出对美元地位的担忧。高盛经济学家克里斯蒂娜·特萨里（Christina Tessari）在 2022 年 4 月更是直接作出警告，美元面对类似 19 世纪英镑贬值前的挑战，包括与美元在全球支付中的主导地位相比，美国的贸易总额在全球贸易的份额相对较小；美国的净外国资产状况持续恶化，债务不断增加；美国面临着多方地缘政治问题。

拖累全球经济发展以提高话语权

美国巨头银行都对美元地位提出了警示，可见全球对美元信心正处于危机边缘。站在美国的立场，有必要尽快启动强势美元的战略，控制美元供应量的美联储有责任维护美元地位。

第一步当然是宣传，纽约联邦储备银行以发表研究报告的方式作出反驳，指出美元的国际主导地位，无论是在贸易、投资、全球储备货币方面都依然非常坚固，没有与之匹敌的竞争对手。第二步，美国提高十年期美债收益率，提高美债相对外国国债的吸引力，并加大力度强调继续升息的必要。第三步，就如前文所讲，美国通过联合欧日来共同推动美元指数上升，从而塑造强势美元的形象。这些方法能够加速海外资金回流，通过减少在国际市场流通的美元来营造对美元的需求，此举也能够引发海外市场出现债务危机的恐慌，从而使美元重拾避险资产的地位。

这些做法几乎与1997年亚洲金融危机时如出一辙，其好处是，当海外发生经济危机、债务危机时，市场便没有人再去担心美国的债务危机。而且，即使紧缩政策会令美国经济面临通缩，但美国政府近年实施的"直升机撒钱"方式令居民的财富和存款大增，加上美元汇率上升，将使美元在未来一两年内形成强劲的购买力，为美国向外输出经济危机提供时间和空间。从财富是相对的概念来理解，当别人的经济规模下跌五成，而自己只跌三成时，美国的经济持有份额是相对增加的。美国通过拖累全球经济发展来提升自己的话语权后，便能够继续利用美元霸权在国际市场获益。

但问题是，这个如意算盘是否真能这么顺利？

重启宽松政策或致美元长期贬值

鉴于美国的财政赤字和经常账余额规模，几乎可以确定的是美国将长期发行更大量的美债来支撑开支，加息"收水"所造成的是美元供应减少，营造出国际市场对美元有强劲需求的假象，美元汇率因为加息而抽高是临时性的，当通胀回落或美国经济状况不再能承受紧缩政策时，大约在1至2年的时间里，若美联储重启宽松政策，美元将会长期贬值。

2022年，投资市场最担心的是美联储加息"收水"、推行量化紧缩政策，令市场资金减少、资金成本上升。但美联储有能力、有决心缩表吗？2008年金融海啸后，美联储实施了4轮量化宽松，其资产负债表有八成时间都在扩充。在鲍威尔就任美联储主席后，虽然曾成功将资产负债表的债务由4.4万亿美元缩降约两成至3.6万亿美元，但当2018年第四季美股在短短几天内大跌两成时，鲍威尔便立即调转方向并暂停紧缩政策，又新创"逆回购"（Reverse Repurchase Agreement）。在2019年年中至2020年2月期间，美联储向市场挹注数千亿美元融通性资金，令美联储的资产负债表规模重回约4万亿美元水平，美股也因此回升超一成。

故事的后续发展，相信大家都已经知道，随着疫情出现，生产链停顿导致大规模资金链断裂的风险剧增，美联储在短短2个月内把资产负债表规模从4万亿美元拉升至7万亿美元，并在 2021 年年底更进一步上升至接近 9 万亿美元的规模。第四轮量化宽松只实施了大概 1 年时间，规模已达到 5 万亿美元，超过了头三轮 3.6 万亿美元的总规模。总结来看，自 2008 年至 2021 年，美国股市的总市值增长了 4 倍或 4 万亿美元，相当于 13 年间量化宽松总规模的一半。

鲍威尔在 2020 年推行"加码"的量化宽松时，一再向市场强调此举不会刺激通胀；到了 2021 年通胀开始升温时，他又一再强调通胀只是过渡性情况；但当通胀突破 8% 后，他终于改变立场，推行强硬的加息紧缩政策，并表示有信心令经济软着陆；到后来经济状况转坏时，他又表示对软着陆没有信心了。如此一来，市场对美联储还会有多少信任？

美债利率增加，需求却疲软

当美国再次动用美元霸权的力量向全球输出危机和过度增加债务时，对此，部分国家已有备而战。亚洲部分国家近 10 年经济增长迅速，加上 1997 年亚洲金融危机的经验，已累积了足够抗衡危机的资本和策略，真正发生债务危机的国家都集中在经济和财政实力非常弱的国家，例如斯里兰卡。

相比之下，被称为成熟经济体的欧洲国家，债务水平及经济表现却更令人担忧。

有趣的是，美元汇率上升了，十年期美债收益率也已经升至3%以上，但市场对美债的需求仍然疲软，特别是对长债的需求则更低。2023年8月，三十年期美债收益率较发行前交易收益率高，说明交易商高估了市场认购美债的需求。美国政府需要发行更多公债来缓解财政赤字，但美联储却正在实施量化紧缩政策，全球最大避险基金"桥水基金"（Bridgewater）创办人瑞·达利欧（Ray Dalio），在9月时预测利率要升到4.5%至6.0%时才会有足够的美债买家出现。但当美债有足够的买家时，投入实体经济的资金还有多少？

总结一下美国现时面临的主要问题，包括：

"双赤字"及债务规模持续上升，令美国陷入债务危机或面临如日本由央行为政府开支兜底的趋势，美元将会长期贬值；经济的结构性原因令经济增长难以加速；美联储的金融政策手段似乎接近极限，当前的货币政策难以起到提振经济的作用；贫富差距扩阔导致国内分裂情绪恶化，严重影响社会稳定发展；国际市场正在加紧推动去美元化进程，尤其是OPEC成员国、中国、俄罗斯、印度等带头开展非美元的石油贸易，对美元地位的打击很大。

提升美债需求进行自救

面对这些困难，美国当然不会坐以待毙，而是作出强烈的反击。

对内，在应对分裂问题方面，美国开展了还富于民的政策。一方面，通过加大财政开支，甚至以直接派钱和免除债务责任的方式，增加居民财富；另一方面，企图对资本家开征新税来弥补财政负担，例如近年热议的回购税、富人税和增加企业税等。在应对经济结构方面，美国政府正推动智慧城市的发展方向，企图以科技建设解决国内高科技、低基建的问题，为经济注入新动力，并同时推动本土制造，以增强本土就业和消费动力。

对外，美国以强势美元的方式企图触发海外经济危机，令海外出现资金短缺情况，促使形成市场转持美元、增持美债的诱因，一来巩固美元作为避险货币的地位，二来提高美债的需求，令美国政府可以在不靠美联储兜底的情况下，成功发债应付财政赤字。强美元策略可能会直接导致欧洲大陆经济出现严重滞胀,且情况可能会比亚洲地区更为严峻,以此来打击试图另立交易体系的欧洲诸国。在应对中俄方面,美国重复20世纪70年代的方式,以经济金融围堵等方式,削弱中俄在国际舞台上的号召力,以此化解去美元化的趋势。在应对中国在经济地位上对美国形成的挑战方面,美国则以限制贸易和科技出口等方式阻碍中国发展。显而易见的是,美国正努力让自己成为更多商品及技术的主宰,让自己保持霸权地位。

被誉为"自由主义之父"的约翰·洛克（John Locke）在《论降低利息和提高货币价值的后果》（*Some Considerations of the Consequences of the Lowering of Interest and Raising the Value of Money*）中指出:"如果入不敷出的情况把自然利率提得过高,以致我国商人不能依靠他们的劳动生活,而富裕的邻国商人又廉价销售他们的商品,使我们所赚利润不够支付利息和维持生计,则我国贸易就将受到损失了。要摆脱这种处境别无他法,只有厉行普遍的勤俭节约,或者掌握着一种在世界上只能由我们供应、所以必须按照我们所要的价格来向我们购买的商品的贸易。"①

  这是世界历史上未曾出现的情况,后续的发展情况在很大程度上将取决于各国去美元化的决心。若各国愿意忍受短期失去美国市场而带来的损失,互相加强非美元货币的信任和提升域内甚至跨域的贸易和金融互融,甚至互相以对方的货币进行发债,这将能够最大限度减少受到美国制裁或因美国货币政策收紧而造成经济危机的可能。考虑到当下世界各个区域自行发展的跨境贸易支付方案,在市场出现一种新的,交易成本更低、受广泛认可及信任的货币前,替代美元霸权的是否会是多种非传统货币,相比可能由某一国的货币崛起成为新霸权,未来各国货币的话语权将更趋平衡。

---

① 约翰·洛克. 论降低利息和提高货币价值的后果[M]. 徐式谷, 译. 北京:商务印书馆, 1982:6-7.

2.6 趁美元衰落，各国争夺货币话语权

现代工业发展经历了机械时代、电力时代和计算机信息时代，并正迈入充满创新且难以预测的智能虚拟时代。货币的发展与此类似，从以商品本身作为交易媒介，进化至商品本位制，然后发展到以信心支撑起的法定货币的时代。

社会越进步，价值观念似乎越显得模糊不定，从而导致市场对货币的信心更容易动摇。IMF的数据显示，截至2022年第一季度，全球债务总额已升至破纪录的305万亿美元，是全球GDP总量约85万亿美元的3.59倍。这种以债务催生的繁荣将难以持续，全球将迎来一段长时间的经济低迷。

除了财政能力仍然相对薄弱的新兴市场国家首当其冲外，那些没有本位货币地位，却依赖法定货币便利，挥霍无

度、债台高筑的成熟市场国家也同样面临严峻挑战，推行高福利制度的欧洲国家便是最明显的例子。如果没有欧盟分散成员国的违约风险，欧洲大陆很有可能会成为一个破产现象频发的地区。

英国难以复制美元模式

以保守见称的英国，似乎已率先踏上法定货币体制衰落之路。就像很多其他成熟国家的情况一样，英国正面临着高通胀、高利率、经济收缩风险，当莉兹·特拉斯（Liz Truss）于2022年9月当选英国首相时，便意图推动该国50年来最激进的减税方案来解决生活质量危机。在国家债务占GDP接近100%和"双赤字"的形势下，此方案触发了市场的"减税恐慌"情绪，投资者担心这将进一步推高通胀和国家债务，这样一来即使央行加息也无法解决通胀问题。市场形容英国政府的财政及减税方案为无资金支援的减税（unfunded tax cut）。

有"末日博士"之称的纽约大学经济学教授鲁里埃尔·鲁比尼（Nouriel Roubini）以及瑞穗证券（Mizuho Securities）全球宏观策略交易主管彼得·查特维尔（Peter

Chatwell）先后警告英国将因为债务负担和经济低迷，沦落到要IMF救助。市场对英国前景的悲观看法，也反映到英镑的价值走势上，单是9月英镑兑美元汇率曾最多跌超10%并跌至1英镑兑1.035美元的历史新低，包括前美国财长劳伦斯·亨利·萨默斯（Lawrence Henry Summers）等重量级经济达人都预测英镑兑美元将跌穿平价。最后在舆论压力下，特拉斯就任首相仅45天便宣布辞职。

西方国家因过度依赖增发货币来解决经济问题，导致货币政策对经济的调节能力显著减弱，进而引发了难以控制的高通胀局面，迫使央行不得不在经济低迷的环境下采取加息措施。利用增发货币来解决经济问题的方式所起的作用越来越小，资本市场及央行都明白货币工具已几乎没有任何成效，市场对央行的信任已跌至谷底。英国出现危机很可能是因为货币地位较弱的缘故，从而无法复制美国把危机向外转嫁的解决方案。当财政赤字和国家债务的增幅都要高于经济增长预期，国家出现债务危机的时间也越来越近，依赖信心支撑的法定货币体系模式将面临崩溃的风险，最终可能会溃不成军。

国际货币体系是一个伴随着国家兴衰及国际关系演化的

动态过程，引导这个进程的因素主要是作为交易媒介所衍生的边际成本和受世界潮流所牵引的认受性。资本主义从荷兰盾的辉煌年代过渡到日不落帝国的英镑时代，然后在美元主导的全球经济体系中呈现出极致的影响力。国家从保守的财政管制到转向倡导"现代货币理论"（允许一定程度的财政赤字），美国率先展示了如何通过货币政策创造社会财富，但也促使政府和个人培养出无节制消费的习惯，最后可能由全球来承担后果。

地域性本币贸易将持续增加

这种结果呈现出，资本主义所造成的社会问题正在对社会正常运作和政府的调度功能出现强力挤压，已处在需要作出变革的边缘。而且，美元霸权证明了以单一国家主权货币履行国际货币职能，衍生出国家与国家之间的严重利益失衡，任何本位货币国家都将会出现内视性的政策取向，而且，在资本主义框架下实践本土利益优先也会被合理化，从而引发国际货币功能失灵，这严重损害了全球自由市场的调节机制，阻碍了社会进步。

这种局面对非本位货币国家而言早已成为共识，并自

2008年金融海啸后一直为作出改变而"排兵布阵",各国都正在寻求更公平地反映价值的贸易和金融定价方式。在这个过程中,世界正分裂成拥有不同分量的"金融话语权""制造话语权""技术话语权""天然资源话语权"的势力。在世界兴起"逆全球化"和"去中心化"的背景下,可以预见地域性的本币贸易和融资金额将会持续上升,非本位货币国家将会在仍然承认美元作为全球货币之锚地位的情况下,积极推动多元化货币贸易和多元化储备资产配置。就像IMF官员吉塔·戈皮纳特(Gita Gopinath)所作的预测:如果美元主导地位终结,打败美元的可能不是美元的主要竞争对手,而是多种广泛的替代货币。

无论是哪一种新的世界货币系统出现,都将经历一段探索期和过渡期,在这期间,各国为了更确定自己对天然资源的支配和货源的稳定性,将会有更大动机增加商品储备,因为在赢得这场货币博弈前,至少要能够确保自己的生存空间,尽量降低金融市场动荡对实体经济的影响,最明显的变化是各国持续增加黄金和石油储备,这种趋势在可见的将来会持续下去,甚至蔓延至其他重点贵价金属和粮食商品。

第三部分

**量化宽松"后遗症"爆发
资产难升值**

3.1 偏袒的信用评级制度：掩饰问题经济

合约或契约，是一个有数千年历史的概念，指双方在自由、平等、守信的原则下，有共识地达成的一种约定，并按内容信守约定。契约约定了双方的权利与义务，履行契约是双方的必然义务。契约精神是文明社会的基石，在市场经济社会中能够促进贸易发展，为法治社会奠定经济基础。由契约概念衍生的信用，是指履行约定的责任和能力。信用的形式也随着时代发展而发展，例如商业信用、银行信用、金融信用、国家信用、消费信用等。基于自由、平等、守信的原则，无论订立契约的是个人、机构还是政府，都有履行约定的责任。

在20世纪初期，信用评级机构在美国诞生。穆迪（Moody's）作为美国著名的三大信用评级机构之一，其创办人约翰·穆迪（John Moody）于1908年首先为当时的铁路债券进行信用评级，后来陆续增加对各类对象的信用评级。简而言之，信用评级对象的财务状况越稳健、还款纪录越好、未来运营收入越可靠，便会获得更高的信用等级，也越容易在市场筹集资金，并能享受较低的融资成本。在今天的金融体系中，市场会依赖信用评级机构对金融产品进行信用评级，以衡量其风险水平。

谁可评断信用评级机构信用度

不过，当信用评级机构为金融产品作信用评估时，又由谁来评定信用评级机构的信用度呢？电影《大空头》（*The Big Short*）把2008年金融海啸时信用评级机构在评估金融产品风险时的利益冲突如实地呈现在了银幕上。要获得它们的高信用评级，发行人是需要付费的，若评估出来的级别不理想，可以找其他信用评级机构。重赏之下，必有勇夫。而且，在现代金融理论所采用的风险概念下，风险能够被分散，而被分散了的风险就可以说是低风险了。基于这种概念，在金融海啸即将发生的前一刻，很多欠缺还款能力的次级房贷，因为被打包成了投资产品而获得A级或以上的高投资信用评级。这起事件当然引来了政府及公众对信用评级机构的严厉批评,美国国会更专门为此事立案调查,虽然到最后没有任何人或机构受到惩罚。

不过,电影没有讲到后续震撼世界货币体系的大事——2011年4月18日,国际信用评级机构标准普尔对美国的AAA最高信用评级发表负面前景意见,认为美国的财政赤字和国债分别达到GDP的11%和80%,要很努力才能取得收支平衡;穆迪也在6月对其发表负面建议。2011年7月16日,标准普尔正式把美国的信用评级从AAA下调至AA+。

国家信用被降级这事,实时招来了美国政府的强烈反对。当时的奥巴马总统办公室几乎同一时间发声明批评标准普尔有关降级的决定;共和、民主两党鲜见一致地批评信用评级机构;两个星期后,美联储宣布对标准普尔展开调查,随后美国政府批评信用评级机构没有采取中立和可靠的评估方法。当信用评级机构从财务角度将美国信用降级时,却招来美国政府的强烈反对,很可能是因为若美国信用评级被降,将显示出美元不再是"完美的"信用货币,那么以美元为主导的世界货币体系将可能会被动摇。

美元指数的成分组合与美国占全球的经济总量和贸易量的不匹配，显示出美国政府及美联储对美元汇率的操纵。而在美国对信用评级机构的控制上，则显示出美国政府对现行世界最普遍采用的信用评级制度也有较强的操纵能力。

美信用评级机构地位由政府赋予

美国对信用评级机构的操纵起源于1975年。当年，美国证券交易委员会对信用评级机构实行认证制度——"全国认定的评级机构"（Nationally Recognized Statistical Rating Organization，简称NRSRO）。在这项制度下，美国认可的信用评级机构，除了穆迪外，只有标准普尔及惠誉国际，同时外国筹资者在美国金融市场融资被要求必须接受NRSRO评估，这些因素确立了这三大信用评级机构的垄断地位。既然三大信用评级机构的市场地位由美国政府赋予，那么美国政府对它们拥有绝对的影响力就显得再自然不过了。

2008年金融海啸引发了全球市场对美国信用评级的疑虑，但随后一段时间，被接连降级的却是希腊等欧洲国家，并催生了2009年的希腊主权债务危机和后来更大规模、威胁到欧元体系的欧债危机。虽然欧洲有自身的体系及债务问题，但不可否认的是，欧债危机的出现适时地转移了美国当时正面临的主权信用危机，而当时三大信用评级机构及舆论对美国和欧洲的评级态度却截然不同。就像美国国会曾对信用评级机构的批评，时任欧盟委员会的负责内部市场与服务的委员米歇尔·巴尼耶（Michel Barnier）曾警告国际信用评级机构要"谨言慎行"，但欧盟对信用评级机构的影响力却如同虚设。

当美国的主权信用危机解除后，国际信用评级机构对欧洲的态度变得稍微客气了一些，欧洲所受到的待遇逐渐与美国接近了。

"免除债务"操作导致境外美元使用者买单

除了这些行政层面上对信用制度的扭曲，在金融政策上，美国政府也一直在扭曲市场信用制度的运作。美联储从成立以来多次赦免私人银行的偿债责任、通过量化宽松的方式大量从金融机构买入不良资产、不断以通胀的方式容许美国政府的债务及赤字膨胀，而在加码量化宽松时，更是大举购入低级别的中小型企业债券，人为地令低信用度的企业能够以更低的成本获得资金，导致了"僵尸企业"①的出现。以最基本的会计等式概念来理解，当把私人市场的债务转移为公共资产，公共债务也会相应地增加，这些"僵尸资产"②若没有盈利能力，不能为公共财政增加收入，最终将累积成越来越大的社会负担。这些社会成本可能会以通胀的方式呈现，或者以财政赤字的方式呈现，甚至以两种方式呈现都有可能。

美国多年来通过免除银行和私人企业的债务，令资本家积累的财富远超一般市民，贫富差距的扩大引发了社会分化和民粹主义等社会问题。从特朗普政府的"直升机撒钱"模式，到后来拜登政府免除学生贷款的政策，都是以赦免债务作为增加私人财富的手段。所有这些被免除的债务都会转化为社会成本，政府、企业、个人等都不用为此负责，那么由谁来支付这些社会成本？当然是正在使用美元的外国人了。美国有策略地控制美元的供应，便能够把全球财富转移至美国。

---

① "僵尸企业"：这类企业通常已停产或半停产，连年亏损，资不抵债，主要依靠政府补贴或银行贷款来维持经营。

② "僵尸资产"：指一些失去活力、没有被有效利用且流动性差的资产。

免除债务这种操作，不仅可能产生不公平现象，还可能会扰乱市场的定价机制，令风险回报不匹配，也人为干扰了自由市场的自然调节，令市场效率下降，从而在另一个层面上增加了社会成本。由于风险回报不匹配，资本家不需要冒较大的风险也可从社会中取得回报及增加财富，私人市场的投资欲望随之下降，使得研发开支增长缓慢，长期来说会拉低社会整体的生产效率，而这种生产效率停滞的现象在实施量化宽松后更显严重。

风险回报被扭曲的状况不单单在私人市场发生，因为带头扭曲的还有美债市场。在信用制度下，入不敷出会使自然使用利率上升，债务人要支付更高利息来获得资金。但事实是，当美国的债务及财政赤字水平越高，美联储就会相应降低利率，而美国所需要支付的利息则越低。

3.2 扭曲的金融市场：均衡投资失效

资本市场环环相扣，外汇及债券市场都被扭曲，股票市场也不会例外。自2008年以来的量化宽松时代，股票市场的估值和投资方式发生了重大变化。

在过去，投资市场一直认为，按市场状况均衡地调整股票和债券投资组合，长远来看是一个可以降低风险、提升回报的投资方式；而衡量市场状况的方法，是比较股票市场与债券市场之间的回报率差距。在美国实施量化宽松后，零成本的资金加上海量的流动性，拉低了资本市场的投资回报预期，但现金在股票市场的购买力正急速下降，令投资者从追求红利和回报率，转向追求更高的预测投资回报增长率。

这种局面导致市场更愿意以市盈率（Price Earnings Ratio，简称P/E或PER）买入被认为会有高增长性的企业，即使该企业未有盈利甚至仍处于亏损状态也无所谓，预期增长似乎成为唯一衡量股价的指标。虽然低息环境令整个美国股市大涨，但同时有不少高净值、低负债但只有低盈利增长率的公司，它们的估值水平大幅低于市场平均水平，甚至股价长期相对于资产净值出现大幅折价现象。

资本市场如实地反映社会通胀的情况，勤劳节俭的存款人在通胀环境下往往是最受剥削的，但财务政策保守、业务稳定、安分派息的企业，同样也会受到资本市场的影响。

"60/40股债投资组合"表现转差

当市场仍在为超低息及量化宽松环境庆祝时，股市、债市都在赚钱，没有人会对被扭曲的市场作出控诉，就如同在狂欢派对中，基本不会有人认为醉酒有什么问题。但当音乐停了，大家被迫回到现实，便会猛然发现兴奋过后的后遗症非常痛苦。超低息及量化宽松环境要结束时，股票和债券之间的对冲关系也同样失效，造成股债双跌。

其中一个显示市场被扭曲的情况是，传统被证明有效地为投资者制造稳定利润的"60/40股债投资组合"（即将60%的资金放在股市追求资本增值，将40%的资金放在债市追求收益和降低潜在风险）已经失灵。

因为利率和资产价格是逆向的关系，股市和债市的表现通常呈相反走势，两者此消彼长。"60/40 股债投资组合"能在股市下跌时为投资者提供一定的保护。

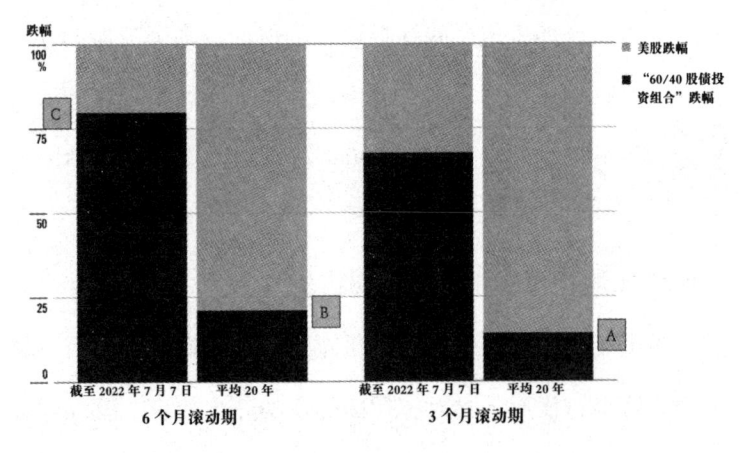

图 3.1 "60/40 股债投资组合"与美股的跌幅表现比较

但这种平衡型的投资策略在 2022 年却明显失效了。图 3.1 是来自信用评级机构美国晨星公司（Morning Star）的研究，在过去 20 年，截至 2022 年第二季度的 3 个月滚动期，晨星公司"60/40 股债投资组合"的跌幅，仅占美国股市跌幅的 14.2%（见图 3.1 标示 A 的深色部分）；而 6 个月滚动期的跌幅，仅占美国股市跌幅的20%（见图3.1标示B的深色部分），反映了"60/40股债投资组合"在过去20年成功避免了股市逾八成的跌幅。

但仅在2022年7月7日前的6个月期间，晨星美国平衡型股债混合的跌幅，却占美股跌幅的79.7%（见图3.1标示C的深色部分），反映了在过去20年的"60/40股债投资组合"能够在股市下跌时有效抵消接近八成的股市跌幅，但在2022年时效果却只有两成，即利用该平衡型投资策略做资产配置没有起到作用，取得的负回报与美股跌幅接近。

一般情况下，股市与债市的相关性为零，两者走势均是独立的，这才能达到对冲及分散风险的效果。不过，巴克莱银行（Barclays Bank）的研究报告显示，2022年，美国、日本以及欧洲的股市和债市，还有其他多项重要货币和商品走势的相关性都升至2005年以来的最高水平，是历史平均值的4倍，反映了利用股与债达到分散风险的效益大减，可能是因为过度紧缩的金融政策和经济放缓同时出现。

这种严重被扭曲的市场表现，在过去10多年营造了非常容易获利的投资环境，但也令分散资产以降低风险的投资方法更难有效实施。

量化宽松令股票市值虚涨

大量的货币发行，引致资产价格率先通胀，最先有反应的是流通性最高的股市。若经济的名义价值是货币发行与产出的总和，那么，若排除市场心理的考虑，股市的市值则会是货币发行与企业产出的总和。由于名义经济的总量/产出总量与销售的关系较大，而且市销率（Price to Sale Ratio）的走势与美联储资产负债表的走势也很相似，从市盈率的变化可以观察到货币发行导致的股市通胀。

量化宽松政策前，标准普尔500指数在很长一段时间的市销率介于历史平均值0.8倍至2倍，市销率为估值指标，数字越低反映投资价值越大，两倍已算是高峰，显示出市场的估值已经很高。但量化宽松出台后，随着量化宽松规模的增长，市销率的平均值持续被拉高（见图3.2）。新冠疫情暴发后，美联储在短时间内倍增量化宽松规模，市销率随即突破历史平均值的2倍。在2020年以后，标准普尔500指数的市销率高企在2倍以上已成为常态。

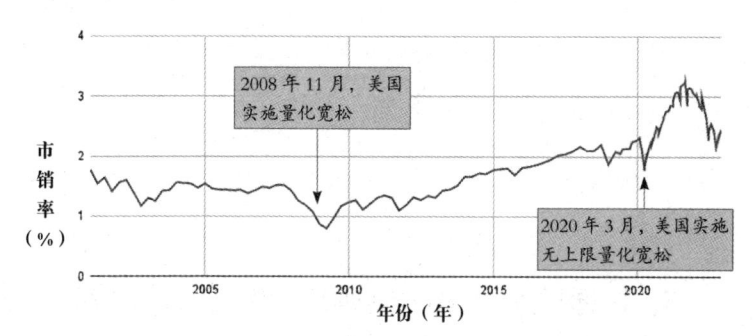

图 3.2　标准普尔 500 指数的市销率（2000 年至 2022 年）

日本股市也有类似的情况，自日本央行在 2010 年开始购买日本股票市场的交易所交易基金（Exchange Traded Fund，简称 ETF）以后，尤其是 2020 年时任日本央行行长的黑田东彦把购买 ETF 的规模大幅增加一倍后，日经指数及东京证券指数的市销率也明显上升。

按这个方法推算，2022 年 6 月，美联储宣布在未来两年实施两万亿美元的量化紧缩措施，当时我已作出预测：参考近年标准普尔 500 指数的市销率与美联储资产负债表的走势，"收水"两万亿美元的效果应该远不致市销率回落至 2 倍以下。若考虑到近期的加息幅度，市销率较可能介于历史平均值的 2 倍至 2.6 倍。按 2022 年的销售额计数，我预测标准普尔 500 指数应介于 3200 至 4200 点。

3.3 通胀高、市盈率降：股票价值难升

通胀环境下，投资者的直观思维是寻找那些能够提供回报率及报酬增长率高于通胀率的投资标的，从而能够避免资金的实际损耗（被通胀蚕食），所以有意见认为在高通胀期间，更要长期投资股票。巴菲特曾说过，投资于稳健的企业，能够确保你在社会的总产出占比有增无减。美国沃顿商学院（Wharton School）教授杰里米·西格尔（Jeremy Siegel）亦有类似概念，他曾于2022年11月批评美联储不停加息的举措，认为这将导致美国经济衰退。在高通胀下，因为制造及经营成本上升，企业利润率将会下降，从而令估值大打折扣，整体市场的估值水平将会下降。

这就像"先有鸡还是先有蛋"的问题。如果投资股票可以避免被通胀蚕食，那就应该买股票；但低回报率会令估值

水平下降，股价会下跌，那就不应买股票。那到底是买还是不买呢？

在看历史数据前，如何看待这个问题其实在于你对投资的看法。如果你像巴菲特般，从总社会产出的占比来衡量，股价高低都只是账面的事，涨跌与自己无关，那么，只要股价合乎你理想或预期的合理长期回报率，你便应该在高通胀下买股票。自2022年3月美国股市出现约两成跌幅后，巴菲特就增持了股票，把现金水平降至近几年的低位。但如果你认为投资是一条通过炒卖股价涨跌而致富的途径，那当然就要趁高通胀来临前就避开股市。

不过，哪怕这个如何看待投资的观点有所差异，巴菲特相对一般投资者（包括基金经理）也有一定优势。因为最终决定社会财富水平的，不是股价，而是社会产出。如巴菲特所言，即使股市突然关闭，对他也没什么影响。因为巴菲特拥有足够多的、广泛的业务和现金流令他立于不败之地。以香港首富李嘉诚为例，若香港股票市场停运，他仍然可靠港灯及超市等业务获取利益。

通胀和股票价值的关系

至于通胀和股票价值的关系，以下我将利用几条财务公式来理解。

衡量股票价值的普遍方法包括估值倍数（multiple）和现金流折现模型（DCF），这两种方法的公式如下：

股价（Price）= 盈利（Earnings）× 倍数（multiple）

股价 = 未来现金流 CF（t）× 增长率（G）/ 折现率因子 [（1+r）^t]

长期而言，企业的现金流等于盈利总和，把这两条公式组合后就会变成这样：

倍数 = 增长率 / 折现率因子

所以，当增长率上升，估值倍数也会上升，换句话说，市盈率（PE）与增长率呈正向关系；折现率因子上升，估值倍数下跌，市盈率与折现率因子呈反向关系。

图 3.3 显示，1989 年至 2021 年，标准普尔 500 指数的市盈率与盈利增长率的相关系数（correlation）大约是 0.736，而图 3.4 显示的是 1914 年至 2021 年市盈率与通胀的相关系数大约是负 0.267，通胀越高，市盈率就越低。

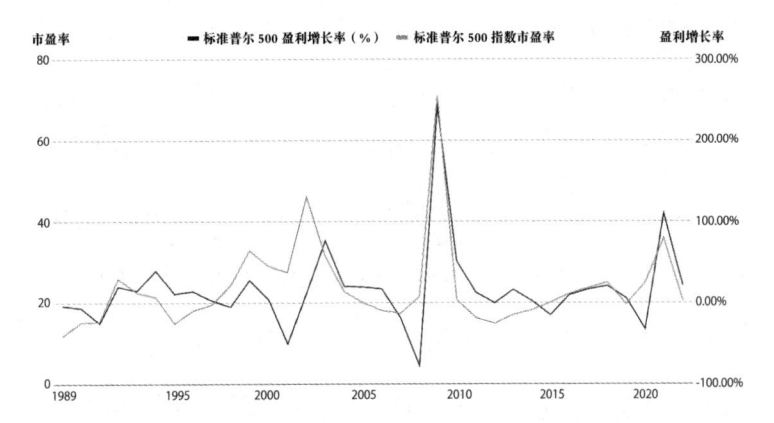

图 3.3 美国标准普尔 500 指数市盈率与盈利增长率（1989 年至 2021 年）

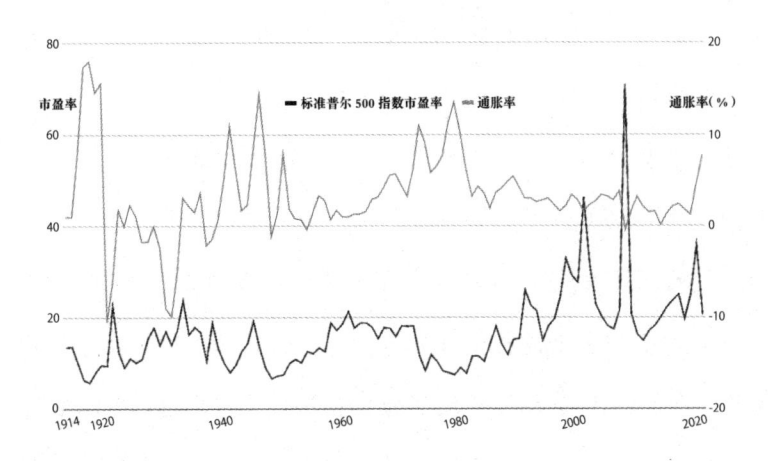

图 3.4 美国标准普尔 500 指数市盈率与平均通胀走势（1914 年至 2022 年）

注：2022 年 12 月的数值为截至 12 月 9 日的数值。

这两组关系，似乎能够证明市盈率与增长率成正比，与通胀成反比，而通胀正是决定折现率高低的重要组成部分。

将2010年至2021年的数据套用到公式里，这期间的标准普尔500指数的平均盈利增长率是16%，平均通胀（R）是1.97%，计算出来这段时间的名义市盈率是27.56倍。若同样以16%的增长率，但把R改为十年期美债利率的低位（约1.5%），计算出来的名义市盈率是30.34倍。进一步尝试改用同时期的几何平均数计算，增长率是12%，通胀是1.97%，得出的名义市盈率是19.92倍。

事实证明，以上推算的名义市盈率距离真实的平均水平很接近。在2010年至2022年这12年间（见图3.4），标准普尔500指数的历史市盈率介于14.87倍至35.96倍，平均值是21.38倍。

若通胀上升，结果又会如何呢？这就涉及一些预测和假设，例如未来盈利增长率等。先假设未来12年标准普尔500指数的平均盈利增长率保持在平均数（mean）=16%、几何平均数（Geometric mean）=12%。另外，假设十年期美债利率是2.8%、长期通胀是5.0%，套用到公式所计算出来的名义市盈率分别为：

G = 16%，R = 2.8% →名义市盈率 = 15.11 倍

G = 16%，R = 5% →名义市盈率 = 7.46 倍

G = 12%，R = 2.8% →名义市盈率 = 9.92 倍

G = 12%，R = 5% →名义市盈率 = 4.90 倍

这 4 个假设，相对于目前标准普尔 500 指数市盈率约 20 倍，有 25% 至 75% 的跌幅。

再试用另一条财务计算公式：永续成长公式计算（CF/r-g）采用更长时期 1989 年至 2021 年盈利增长率 6.64%，平均股东回报率 10.5% 加上美联储的目标通胀率 2% 为预期回报率（r），计算出的名义市盈率是 18.66 倍。这个数字正夹在席勒市盈率（Shiller PE）的百年历史平均 16.94 倍和 1970 年至今的席勒市盈率平均值 21.29 倍之间，席勒市盈率是耶鲁大学教授罗伯特·席勒（Robert Shiller）提出的周期性调整市盈率（Cyclically-Adjusted Price-Earnings Ratio，简称 CAPE），主要用于评估未来 10 年至 20 年投资股票可能带来的回报。将 18.66 这个数字再代入永续成长公式计算，但把通胀率增加至 5%，计算出的名义市盈率则是 11.29 倍；若通胀率是 4%，计算出的名义市盈率则是 12.72 倍。这两个计算数字与 1914 年至今的通胀与市盈率的模式非常

接近：在通胀率接近或高于 5% 的年份，标准普尔 500 指数的市盈率较接近 10 倍水平。

执笔时的 2022 年 9 月，我曾计算过标准普尔 500 指数的市盈率大约是 19 倍，若未来通胀将维持在较高水平（4% 至 5%），那美国企业的盈利增长水平除非高于 6.64%，否则美股未来或会出现更猛烈的跌势。

3.4 增长股效应结束，"all in"美股风险高

河海的流向会因为地形变化而更改，在新的主流形成前，水流的动向将会在一段时间内展现出不规则且随机的波动与混乱。同样道理，以美元为中心的世界货币体系受到挑战时，全球各地都出现了大大小小以非美元计价的贸易方式，货币汇率、商品及投资产品的定价都会出现一定程度的混乱和波动。这种定价混乱和波动的呈现方式是，在美元地位受到挑战时，美国将采取操控美元汇率的方式来营造美元强势的形象，在以美元为锚的金融市场中，非本位货币及相关资产的定价，其实质经济价值将会被严重低估。

也就是说，非美元资产的经济产出正远远超过其在金融市场的价值。而为了让自己的货品取得更合理的价格，以换取相应的资源，非本位货币的国家将会更多地采用本币促成

交易，这将造成国际市场与区域市场的交易价格差距扩大。相应地，由价格而衍生的投资回报也会有很大出入。

虽然美国的经济产出占全球比率在下降，但在美元体系下，美元资产的金融价值却在上升。在这种局面下，投资者要被迫作出抉择，即到底应以经济产出作为衡量回报的准则，还是以金融层面的数字变动为准。若依照前者，在美元体系下，投资者将会面临账面损失，但其所占有的经济产出份额却会上升；若依照后者，投资者的账面是升值了，但其所占有的经济产出份额却会减少。

再没有绝对的避险资产

另外，由货币体系动荡衍生的不确定因素上升，对任何范畴的投资者而言，都意味着需要承担更大的潜在风险，这将会促使投资者以更保守的方式计算投资价值，以及要求更高的预期收益，令提供回报的资产估值被下调。

美元是否为合适的避险资产呢？在2022年的前9个月，美元指数上升了18%。但这种升值或是因为美联储指导美元供应下降，并不是购买力或市场对美元的需求上升。面对高通胀，美国投资者在金融市场的股权投资，将会因为高通胀而出现账面损失,而投资于定息投资产品的损失可能更大,但持有美元现金的购买力却正以8%甚至更快的速度下降。而且,考虑到美国的债务水平和持续上升的"双赤字",美联储在一段时间后也将要被迫重启量化宽松,届时美元汇率和购买力的跌势将会更急,令持有美元现金的投资者面临更重大的损失。

所以,当下的局势是,无论投资者持有的是美元还是其他货币的现金,或是任何种类的金融资产,甚至是房地产,都将不可避免地面临贬值或更大的价格波动,世界上再没有绝对的避险资产。

超低息环境造就增长股

前面的章节解释了在超低息及量化宽松的环境下,由于预期回报下降,投资者对纯粹高预期增长的投资目标趋之若鹜。在这种情况下,市场曾经兴起过高度集中于高增长股的投资策略,方舟投资(ARK Invest)创办人凯茜·伍德(Cathie Wood)正是在此时崛起的,更被坊间追捧为女股神,而实业家孙正义也以其创办的软银集团,运用杠杆原理大规模投资于高风险的初创科技公司。

当时的投资市场普遍持有一个理念，即尽管初创科技公司的风险高，但任何成功个案都可能带来逾百倍的回报，所以只要投资范围够广，数量够多，也能创造非常理想的投资回报。这种典型分散投资组合的风险管理模式，曾在2008年发生——市场把低级次贷打包成高信贷评级的投资产品，最后却引发了金融海啸。在10多年后的今天，市场再次把一大堆低收益高风险的初创企业，打包成"万无一失"的投资组合。结果是，软银集团出现史上最大亏损，需要大举出售资产套现求存，而凯茜·伍德则失去了女股神的光环，被媒体戏谑为"木头姐"，其管理的方舟基金也出现赎回潮，基金价格从高位大跌。

被严重扭曲的美国金融市场，也影响到了世界的另一面。香港股市在多重因素下，逐渐失去了自己的魅力，成交量持续下降，恒生指数比10年前更低（见图3.5），香港股民只能哀叹港股市场的低迷，加上网上交易软件的兴起，降低了买卖美股的交易成本，导致香港出现了转投美股市场的热潮。步入2021年后，甚至有财经专家公开表态要放弃香港市场，呼吁投资者转投美股。也不知这些专家自己有没有身体力行，但似乎大家只看到美股不断创新高的走势，却忘记了

"过去表现不代表将来"这条投资界的金科玉律,忽略了美国市场本身的结构性因素和这12年强劲回报所积累的风险。

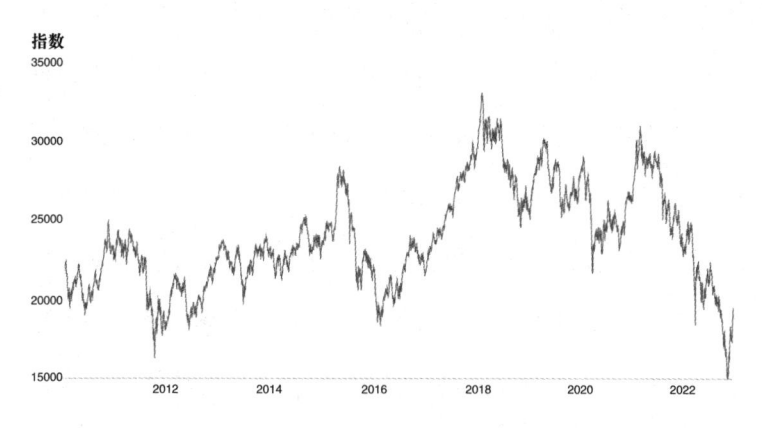

图 3.5　恒生指数 2010 年至 2022 年的表现

"虚火"推高估值,美股面临更大风险

长时间的低利率环境,令市场资金泛滥,资金流向投资者及资本家手中,他们便以此投资于金融资产,即使实体经济的获益有限,甚至投资被压制,但金融资产价格却会因此虚高,其中,美国股票市场将成为最直接的受益者。

历史证明经济及股市会跟随特定的周期变化,虽然发生的事有所不同,但所有的周期,都会经历相同的循环。所以,聪明的投资者会懂得定期衡量股市所处的周期位置。

其中，有两个指标已历经时代考验。第一个是股市总市值（the percentage of total market cap，简称 TMC）相对 GDP 比率。2001 年巴菲特接受《财富》（*Fortune*）杂志访问时透露他也会使用这个比率衡量市场热度，后来这个指标被称为"巴菲特指标"（Buffett Indicator）。这个指标的公式很简单，就是以美国的股市总市值除以 GDP 总值。长期而言，股市是反映实体经济的秤，这个指标便可以衡量资金流入股市与实体经济的差异，测量两者不平衡的程度，若较多资金流入股市，比率便会升高（见表 3.1）。若巴菲特指标高达 200%，则显示股市相比实体经济吸收了较多资金，令估值出现严重泡沫。

表 3.1 巴菲特指标不同阶段所反映的市场处境

巴菲特指标	市场处境
< 50%	严重低估
50%—75%	略微低估
75%—100%	合理估值
100%—115%	略微高估
> 115%	严重高估

巴菲特指标历来的平均水平大约是90%，在2000年科技股热潮时的高点超过150%，在2008年金融海啸前的高点接近110%，而在2021年年底时一度触及200%。当然，在金融海啸发生后，美联储先后共向市场注入了超过9万亿美元，成为股市估值不断走高的主要原因，但即使把美联储资产负债表的增长加入公式当中[新计算公式为：TMC/（GDP+联储资产规模）]，2021年年底经调整的巴菲特指标的最高位仍然高达149.3%。图3.6为2002年至2022年的巴菲特指数，截至2022年12月8日，巴菲特指数（见浅色线）为151.8%，而新巴菲特指数（深色线）则为113.8%。

巴菲特指数 = TMC/GDP

新巴菲特指数 = TMC/（GDP+美联储资产规模）

第二个指标就是周期性调整市盈率。它是一个以长年期（一般为十年期）计算的市盈率，以股价除以十年期收益的平均值，并根据通货膨胀稍加调整，上一章就曾提到席勒市盈率可用来评估未来10至20年投资股票可能带来的回报。创建这一指标的席勒教授正是凭这个公式在2013年获得诺贝尔经济学奖的，以表彰他在资产价格实证分析方面的成就。

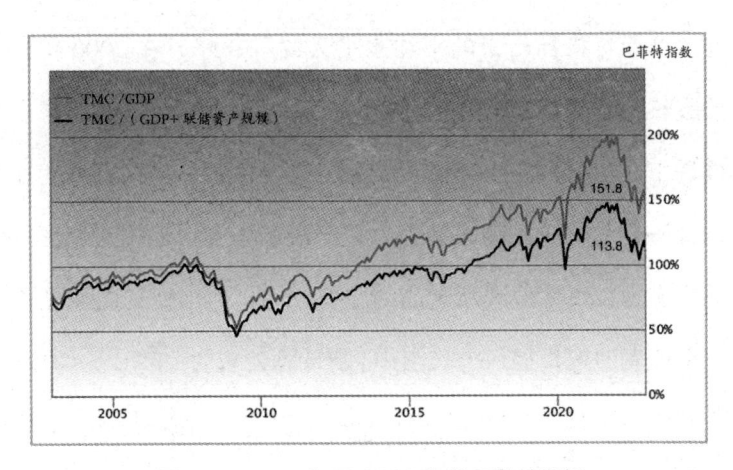

图 3.6　2002 年至 2022 年的巴菲特指标

注：数据截至 2022 年 12 月 8 日。

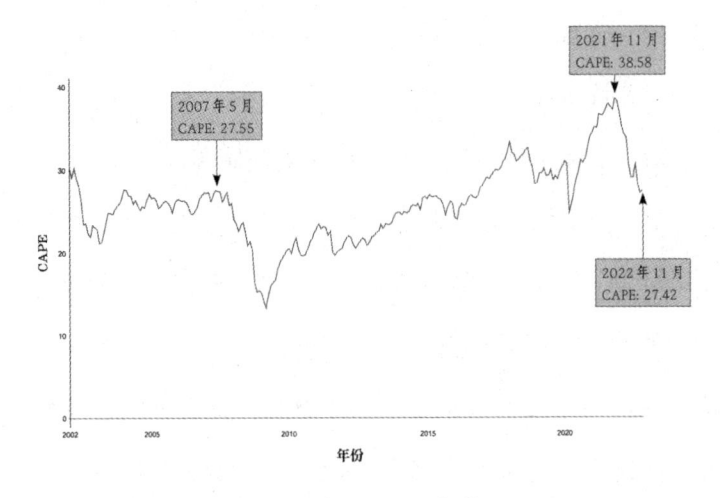

图 3.7　2002 年至 2022 年的 CAPE

注：数据截至 2022 年 11 月。

美股的 CAPE 在 1929 年的高位是 32.56 倍，2000 年的高位是 44.3 倍。从图 3.7 可知，2007 年的 CAPE 一度达到 27.55 倍，而 2021 年的高位是 38.58 倍，是历史上第二高。美股 140 年的历史数据显示，如果在 CAPE 超过 24 倍时投资，长期投资年均回报率是负 10%，可想而知，当 CAPE 达到 38 倍时，投资者将会面临多大的潜在亏损。

美国股市的过热状况如此明显，但所谓的投资专家却选择无视被严重高估的市场水平，这是因为美国股市早于 2017 年就已经达到了估值偏高的水平，但升势却没有因此中断，反而在新冠疫情暴发后，在美联储的推波助澜下屡创新高，令投资者产生了买美股必赢的信心（见图 3.7）。

股市比经济走势超前

股市的长期表现能反映参与者的经济实力，所以，从长期趋势来看，股市的年均回报率、企业的股东回报率和经济的年均增长率应该大致相似。比较历史数据，标准普尔 500 指数的年均回报率大约是 10.2%，美国企业的平均股东回报率大约是 12.2%，而美国的名义经济的年均增长率约 6%。

股市的年均回报率较名义经济的年均增长率高，反映出在过去100年间，股本回报远高于债权回报，另外，资产阶级累积财富的速度，远高于社会的平均增值水平，形成了今日贫富差距日趋严重的局面。

就像德国股神安德烈·科斯托兰尼（André Kostolany）所形容的那样，经济与股市就像主人与狗的关系，有时狗会走在主人前面，有时会落后，有时又会并肩而行。回顾美国股市历史，虽然有大大小小的波浪，但自1929年以来可以归纳成4个超级周期。

第一个周期是20世纪20年代至50年代，经历大萧条后，股市在1932年触底，然后用了接近25年时间才重回1929年高位。股市停滞了20多年时间，但在这期间，美国的GDP年均增长率接近双位数，为下一个上升周期埋下了种子。

第二个周期发生在20世纪50年代至70年代，美国股市在停滞的20年中储存了力量，又展开了接近20年的升势。直至20世纪70年代初，经济出现衰退及滞胀，美股又再次堕入10多年的熊市。而有趣的是，在这10多年熊市期间，美国实际国内生产总值上升了五成。

第三个周期则发生在20世纪90年代至2000年科技股

爆破期间。美国实际国内生产总值在这期间累计增长了1.6倍，而同期股市累计升幅则达到230%。不过，在进入2000年至2021年的第四个周期后，美国实际国内生产总值只累计增长了五成，而美股在2021年的高位比2000年的高位则上升了超过2倍，与之前的周期大相径庭。

每一次当狗（股市）跑得远远超过主人（经济）时，情况就已经失控了。一只不听指令的狗很可能会落得两种下场：要么自己走失流落街头，要么受到主人的责罚。

这4个大周期也显示出，美国经济由百年前的年均增长率接近双位数，持续放慢到近年只有低单位数的增长；但股市的涨幅却比之前更加迅猛。这表明资本主义已经发挥到极致了吗？越少的经济投入，却能创造越大的市场价值。懂得遵从历史规律的投资者都会明白，任何事情到达极致后往往表示它正在崩坏，美国股市似乎要步入第五个大周期的循环了。

融资成本上升，倒闭潮将出现

美股能够延续10多年的升势，并且美国的企业盈利能持续增长10多年，主要得益于接近零成本的资金，使得大型企业可以不断回购股份，也让"僵尸企业"得以暂时苟延残喘。美国上市公司的高双位数盈利增长率很大程度上得益于美元汇率下跌、屡创新高的股份回购潮、股市12年牛市带来的投资收益和超低息环境下造就的套利机会。可以设想，当超低息环境改变，美国企业的回购活动、套利活动减少，再加上升息带来的美元汇率上升，将使企业的海外收入增长放缓，至此美国经济将进入长期停滞甚至收缩的阶段。

2022年，美国企业的环境已经彻底改变。高通胀令企业成本上升，具有竞争力的企业还可能通过加价把成本转嫁给客户，但竞争力差的"僵尸企业"的成本压力将会非常大。高通胀会带来高利率，令"僵尸企业"要同时面对营运成本及融资成本上升的局面，仅余几个百分点的利润率最终也会被消耗殆尽。

2021年7月，美国联邦政府对"僵尸企业"的情况展开调查，主要按利息覆盖率（interest coverage ratio）在1倍以下、近3年实际销售负增长为调查标准，发现在2020年美国有大约10%的上市公司和5%的私人公司可划为"僵尸企业"。

彭博（Bloomberg，全球商业、金融信息和财经资讯的领先供应商）对美国"僵尸企业"的统计结果惊人，指出美国排名前 3000 的上市公司中，大约有两成属于"僵尸企业"，它们的总债务规模达到 9000 亿美元。在 2022 年 9 月前，美国已把利率从 0% 至 0.25% 上调至超过 3%，难以想象这些资产回报率中位数是负 3.4% 的上市"僵尸企业"在利息负担再加重后还有多少生存空间，而且，随着利率上升，利息覆盖率跌至一倍以下的企业数量将会更多。

回购潮不再，高增长难续

2021 年，美国企业的回购规模创下了 1.2 万亿美元的新纪录，相当于大约 2.5% 的美股总市值；虽然截至 2022 年 8 月，美国企业宣布了 8000 亿美元的股票回购计划，令全年的回购金额有机会追平甚至超越 2021 年的水平，但随着融资成本上升、市场资金减少、不明朗因素增加，加上拜登总统签署的降通胀法案将会对企业回购收取 1% 的回购税，越来越多的企业已表示暂停回购计划和决定保留更多现金。

不少投资者寻求有良好回购效率的美股。股份回购能够推高股价的方式主要有两种，一是通过提升公司股票的需求来拉高股价，二是通过提高上市公司的每股盈利和股东回报率来提升公司价值。对公司来说，虽然股份回购前后的经营状况没有分别，但因为回购后，流通股份减少，每股盈利将因此上升，所以回购可以提升每股盈利的增长率。而且，回购后公司的股本减少，股东回报率进一步提升了，对市场而言，增长率及股东回报率高的公司能获得更高的估值倍数，从而导致公司的市值上升。

过去几年，股份回购是美股买盘的最大来源之一，研究机构 Pavilion Global Markets 曾在 2021 年指出，在过去 10 年，股份回购贡献了标准普尔 500 指数 4% 的牛市涨幅。若股份回购金额从高位下降，将会拉低美股的盈利增长率，并因此只会获得较低的估值倍数，从而使股价下跌。标准普尔 500 指数成分股近 30 年的数据显示，回购金额同比下降的年份出现过 9 次，而其中 6 次都伴随着市值下跌的情况。

另一方面，上市公司积极通过发债集资来进行股份回购，虽然能够提升股东回报率，但同时也将给企业的经营前景带来风险。在容易获得资金的时期，企业若以股份回购的方式过度消耗现金，当经济逆境来临时，可能难以提升其抵抗逆境的能力。

婴儿潮一代投资实力减弱，资金无以为继

千禧一代被一部分人认为是悲惨一代，逻辑上可以这样理解：经济潜力体现为人口、资源、生产效率和生活质量的提升，当人口增长在下降甚至收缩、资源在减少、生产效率停滞不前时，生活质量也因为贫富差距和其他社会问题而降低，在这种环境下出生的一代，很自然地比上一代更难获得财富。事实上，在20世纪90年代出生的千禧一代是美国史上第一批财富累积较父母少的世代。

美联储经济学家库兹曾与同事对千禧一代的收入、负债、资产与开销数据作深入分析，并将其与1965年至1980年出生的X世代和1946年至1964年出生的婴儿潮一代的同龄阶段作比较。数据显示，即使千禧一代的教育程度是史上最高，但生育率、收入水平、发展机会等都远逊于上两代人。千禧一代的收入本身就低于婴儿潮一代，据CNBC报道，千禧一代成年人的收入，要比婴儿潮一代的成年人低20%。与此相对的却是他们的负债较高，单计美国的学生贷款总额已超过1.75万亿美元，一名大学毕业生初出茅庐就已经要背负3万多美元的债务。当中的原因是，如今的大学学位与上两代人的中学学历同样重要，但大学学位的成本却

是中学的几倍，令千禧一代在进入劳动市场前，已比自己的父母辈背负多几倍的债务。

这是一道很简单的加减数学题，婴儿潮一代在较早的年纪就进入劳动市场，他们背负着相对能轻松处理的债务，并生活于经济蓬勃发展的时期；他们正处于经济增长得最快的阶段，并拥有较多时间通过工作累积财富，而且因为负债低而拥有较高的可分配收入。至于千禧一代，不仅错过了经济最繁荣的时期，而且刚踏入社会就要忙着还债，可分配收入要比婴儿潮一代低得多。

婴儿潮一代因为拥有较高的可分配收入，可以通过储蓄和投资为自己的退休生活作准备，这也是美国的指数基金市场急速膨胀的原因之一。但千禧一代就没有这么幸运了，在努力还清债务的同时，还要承担高昂的房租和生活费。例如，在1985年至2020年间，美国人的平均收入增长了35%，但同期房租却增加了149%，租金占收入比率上升了一倍，可见这一代人可用作投资的资金将比上一代少得多，这对投资市场来说并不是什么好事。

而且，当婴儿潮一代步入退休阶段且没有收入后，可能会将投资在股票指数基金的资金转去投资较低风险的定息或现金基金，甚至要提取投资的资金来维持生活开销。现在美国每日大约有一万名婴儿潮一代的人口年届退休，这表示在未来很长一段时间内，每年将会有更多的资金从股票市场及债券市场被婴儿潮一代提走。资本市场的资金正在逐渐被消耗，而新资金的投入速度却大幅落后，在未来某一日，这必将导致因债务和超发货币而形成的经济与股市泡沫的破裂。

在2000年至2022年间，美国的房租中位数又急升了90%，但同期民众的平均收入只增加了大约10%，即在这短短两年间租金收入比率又再一次倍升，这很可能会降低民众的可支配收入和投资意欲（见图3.8）。2019年，投资网站GoBankingRates的研究显示，在25岁至34岁的研究对象中，43%的人完全没有进行股票、债券、房地产或任何其他投资的打算。时隔3年后，由联合汽车金融公司（Ally Financial）所作的调查显示，大约有1/5的顾客已关闭了自己的投资账户，其中占比较多的正是千禧一代。

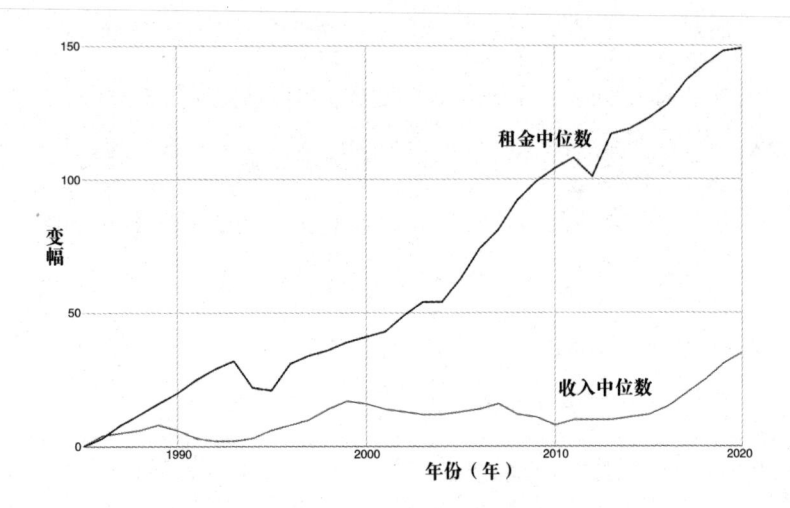

图 3.8　1985 年至 2020 年美国的房租收入变化

　　以上对美国股市的负面影响非同小可。我在 2021 年曾多次警告美股制造的"空中楼阁"迟早要"坍塌"，当实体经济不能及时"填充"美联储制造的泡沫时，泡沫便将破裂。这次泡沫的破裂程度会有多大，很大程度关乎美联储与白宫应对危机的能力，在于美国是否能在这一次国际博弈中再一次通过采取向外输出危机的方式帮助自己渡过难关。

　　当下，虽然美联储要以高通胀为借口推动利率正常化，但其资产规模即使扣除量化紧缩的金额后，仍然有约 7 万亿美元，所以，美股仍有可能不会出现估值正常化所导致的崩盘。但考虑到长周期的因素，也可能如著名对冲基金经理斯坦利·德鲁肯米勒（Stanley Druckenmiller）的警告那样，未来10年美股将难见增长。

第四部分

新体系崛起　资产配置新想象

4.1 港元的未来：美元人民币齐联汇

以上的篇幅是我在美元霸权衰落的前提下所分析的局势变化。中国香港，尽管地域狭小，却一直被视为中国与西方国家的桥梁，在地缘政治因素下，更成为两地交流的枢纽。随着美元霸权不再，人民币等其他货币兴起，当下已有意见认为港元与美元脱钩的日子不远，适时势必掀起另一场信心危机。中国香港的命运会走向何处？我们的投资思维又应如何转变？我会在此建议多运用想象力，考虑美元以外的多元资产配置，本章节将讨论中国香港市场以及港元的命运，在进行讨论前，先就政府对香港的定位进行分析。

门户变窗口，落地变途经

2018年，时任行政长官林郑月娥表示，国家改革开放以来，香港一直发挥进出门户的作用。随着共建"一带一路"倡议的推行，香港将会继续担当国家的国际门户，为"引进来"和"走出去"作出贡献。自1997年对香港恢复行使主权后，很长一段时间香港都以担当中国的对外"门户"作为自己的角色定位。近年来，这个定位却在悄然间发生了变化，香港特别行政区政府逐渐减少使用"门户"一词，相对地增加了以"窗口"形容香港角色的次数。我在搜集资料时曾发现接任林郑月娥行政长官之位的李家超在公开场合对香港的定位，几乎清一色称香港为"国际投资者带往中国市场的重要窗口"。或许你会认为这只是用词的改变，但仔细推敲这些文字，会发现"门户"和"窗口"的内涵有着天壤之别。

1997年前后，内地正值改革开放，国家期望吸引外资，加快与国际接轨，香港作为国际金融中心的地位正好可以发挥作用。内地积极借鉴香港的建设经验，除了北京首都国际机场的设计与香港国际机场非常相似，在金融领域，内地也在多方面向香港取经，在这个过程中，香港的国际化经验及专业知识都能够发挥作用。在商贸领域，有价值的也正是这些"人无我有"的专业优势。所以，在过去，香港作为门户,发挥的一大作用就是为内地企业提供专业服务,按林郑月娥的形容,香港是"与他们并船出海"。这种角色更像是全程照顾客户的经理人,可以从中获得的利润比例是相当可观的。

由"客户经理"转为"出纳员"

相对地,中国香港从门户变成窗口,在角色上就像是从银行的客户经理转变为出纳员,做的工作只是把资金从国内转出去,或从国外转到内地。相比客户经理,出纳员的工作简单得多,收入也自然少得多,没有了服务费、佣金、表现费、花红、出差津贴等诸多收益项目。

这种角色转变结果也是趋势使然。比如,在这 25 年时间中,随着中国经济蓬勃发展,有能力到海外留学的人逐年递增,这些海归人才的回流也带回了国际知识和技术,从而替代了香港对内地所发挥的部分作用。

在中国香港,物流运输业作为经济三大支柱之一,经历了最快的角色转变。香港的转口港地位,很大部分建立在低税制环境下,海外货物经香港转口至内地享有较大税务优惠。但随着国内自贸港日趋成熟,中国在这些年来陆续与其他国家签署多边贸易协议，而且，内地的港口效率早已赶超香港，因此，香港的转口港角色的重要性逐渐下降。

内地航运金融发展比香港快

虽然国家在"十四五"规划及《粤港澳大湾区发展规划纲要》中明确支持提升香港国际航运中心的地位，但香港货柜码头吞吐量连年下跌至全球第九，按海事处的统计数据，2021年中国香港货柜码头的吞吐量是17798千个标准货柜，相比2015年的20073千个标准货柜缩减了11%。港口业务缩减，该行业的就业人口也会相应减少，据香港统计处的数字，2022年第二季度香港在运输、仓库、邮政及速递服务、信息及通讯行业的就业人口为405800人，较2016年第一季度的458800人减少了11.6%。

航运业的业务流失情况，也发生在金融业。香港作为中国金融业发展的试点，先后为中国试行人民币离岸中心、沪港通、深港通等。而随着沪伦通的发展，2022年中国证监会已扩大互联互通存托凭证业务的境内外交易所范围，境外从伦敦拓展至瑞士、德国，境内从上海证券交易所拓展至深圳证券交易所，沪伦通已正式成为中欧通，并且陆续有国内企业利用全球存托凭证（Global Depository Receipts, 简称GDR）在欧洲上市。德国股神安德烈·科斯托兰尼在对中国金融市场所作的评价中指出，在很长一段时间内，上海一直是中国的金融中心，但金融中心的角色在近百年由香港顶上，当内地的发展脚步加快，香港作为金融中心的角色还可以维持多久呢？

特区变"大湾区小城"

香港的角色变化，除了从门户变成窗口，也由以前的特区，变成了大湾区中的一个"小角色"。中央政府在2019年2月18日发表《粤港澳大湾区发展规划纲要》，把香港、澳门、深圳和广州列为大湾区的四大"中心城市"。按此，香港的主要作用似乎是要带领大湾区的公司"走出去"。根据香港特别行政区政府政制及内地事务局的数据，香港2021年的地区生产总值为28697亿港元，较前一年仅增长6.7%，不过澳门及内地其余9个湾区城市GDP则有双位数增长（见表4.1）。对于香港而言，若能参与大湾区的发展其实也能获得很多机遇。

表 4.1 大湾区城市 2020 年及 2021 年 GDP

城市 \ 年份	2021年	2020年	增幅
香港	28687	26885	6.70%
澳门	2394	1944	23.15%
深圳	30665	27670	10.82%
东莞	10855	9650	12.49%
中山	3566	3152	13.13%
广州	28232	25019	12.84%
惠州	4977	4222	17.88%
肇庆	2650	2312	14.62%
珠海	3882	3482	11.49%
江门	3601	3201	12.50%
佛山	12157	10816	12.40%

注：香港及澳门的货币单位分别是港元及澳门币，其余都是人民币。

薪酬水平拉近：解决人才流动

不过，若要促进大湾区融合，促进区内的人才流动才是发展关键。近年来，香港特别行政区政府与中央不断推进两地专业资格互相认证，并以提供资助的方式吸引两地人才职位交换。

但两地人员流动的最大障碍在于，香港和内地的薪酬水平差异过大。由香港浸会大学工商管理学院人力资源策略及发展研究中心、华南理工大学工商管理学院人力资源管理研究中心、香港人才管理协会及广东省人才开发与管理研究会共同发布的"2022年度粤港澳大湾区薪酬及福利调查"显示，在工程、市场拓展、销售、信息科技、财务会计等多个领域，香港的薪酬水平普遍较大湾区的内地城市高150%以上。

我国在宣传大湾区时，经常提议以旧金山湾区作为参考，认为两者定位相似。根据薪酬信息网站Salary.com的数据，旧金山湾区的高低薪酬分别是年薪498028美元和373870美元，两者差异只有大约三成。相比之下，香港和大湾区内地城市的薪酬差距超过一倍。

两地的收入差异有以下原因，一方面，香港比内地发展早20年以上，薪资基数原本就较高，如以特首的薪酬为例，其薪酬比美国总统还要高；另一方面，香港实行高地价政策，这间接成为香港的薪酬水平较高的原因。

拉低香港楼价，缩小两地差异

上述的原因可以反映，香港的优势在一定程度上已被淡化，近年香港的薪酬增幅放缓已是最明显的趋势。至于高地价因素，也正在悄然改变。一方面，在习近平总书记倡议共富的愿景下，内地正逐步在落实房住不炒政策，另一方面，香港特别行政区政府将会以增加土地供应或与发展商联合降低土地成交价格等方式，逐步把新楼盘的价格降低以"再平衡"整体的楼价水平。至2022年，香港已连续12年被视为全球楼价最难负担的城市，楼价中位数对家庭收入中位数比率高达23.2倍，排名第二的悉尼为15.3倍，两者相距逾50%。

著有《21世纪资本论》（Capital in the Twenty-First Century）的法国经济学家托马斯·皮凯蒂（Thomas Piketty）指出，在美国高成本及平均成本的地区中，85%的生活成本差异来自楼价。若套用这一观点到大湾区的发展融合上，那么要保证香港和大湾区的内地城市更易融合，便需要缩小两地的生活成本差异，而最直接的方法就是拉低香港的楼价和薪酬水平。即使内地的加薪速度较快，但要追上香港的薪酬水平仍需要一段时间，拉低香港的薪酬水平明显比提高内地的薪酬水平容易，而且，解决香港的高楼价问题也与内地的共富方向一致。

港元挂钩一篮子货币的可能

对港人而言，最关心的必定是当美元体系已是强弩之末时，港元的联系汇率制度的未来会如何发展。一来，若美元出现信心危机，港元继续与美元挂钩势必令香港的金融市场受到同等程度的破坏。二来，即使美元危机没有出现，在中美两个大国竞争愈趋激烈的现实背景下，港元与美元挂钩会令中国处于被动状态，因为美国可以禁止香港使用SWIFT结算系统进行美元交割，瘫痪香港的货币制度。

若不跟美元挂钩，港元的未来又要如何发展呢？有说法认为，随着香港与内地的经济关系更加密切，港元未来很可能会与人民币挂钩，香港金融管理局前总裁任志刚曾经提出过类似看法。但港元与人民币挂钩存在很多问题，例如，香港作为中国城市之一，要融入大湾区，为何要使港元与人民币挂钩而不直接使用人民币呢？又例如，虽然香港增购国债有利于提升人民币作为国家外汇存底的比例，若港元改挂人民币，那香港金融管理局持有的2000亿美元国库券便要换成国债，是否会导致国债市场过热、人民币汇率骤升？

从战略意义来考量，在中国能够成功建立与美元体系并肩、以人民币为中心的货币体系前，香港仍然可以作为中美间的缓冲区。在这期间，中国一方面与其贸易伙伴建立人民币交易体系，一方面继续通过香港参与美元体系的经济活动，使香港切实地作为中美间的桥梁。在这种考虑之下，为降低港元完全与美元挂钩所带来的风险，港元可以推动跟各类货币挂钩，例如同时与人民币和美元挂钩，并适时渐进调整两者的比例；另一个方法是直接与国际货币基金组织的特别提款权（Special Drawing Right，简称SDR）挂钩，那么港元的份额没有重大变化，美元所占的份额仍然最大，而人民币的份额则会随着人民币在SDR的份额上升而逐步提高，这虽然会把联汇制度改变为浮动汇率制度，但对港元资产所带来的影响有限。

4.2 动荡中投资，首选具社会份额的企业

现在我们从香港视角抽离出来，用更宏观的角度思考财富配置。有说法称"金钱不是财富"（Money is not wealth），并不是说人生除了赚钱以外还有其他价值，而是正如字面理解，金钱并不是财富。我们每日想着要赚钱、赚更多钱，只是因为想要获得我们想要和需要的商品和服务，甚至时间，即各种有形或无形的资产，而金钱只是让我们换取所需的媒介，它本身并无价值。

所以，我们更希望的是通过获得财富，以拥有和支配资源的能力。而在社会中，财富的概念是相对的，你会拥有得比别人多或比别人少，但并不是绝对意义上的富有。所以相比于拥有比别人更多的金钱，资本家更希望拥有比别人多的资源，在社会中占据更大份额的经济产出，即资本家真正想

做到的是如何利用"无价值"的金钱，换取有价值的财富。试想，若没有人想要金钱，没有人愿意卖商品给你，即使拥有印制金钱的能力又有何用？每年《福布斯》（Forbes）都会公告世界富豪排行榜，这些富豪的身家有很大部分都是以其持有的上市公司价值计算，但这能代表真正的财富吗？如果能，首富的位置就不会频频换人了。

获取更大份额的经济产出，才是股票投资的基础原理。股票是企业的拥有权，而企业是社会产出的主要参与者，拥有股票便等于拥有社会产出的一部分。要从投资中获取社会份额，投资者便需要投资于能够持续制造出满足社会需求的企业。就像巴菲特投资可口可乐公司，随着人口增长和口味的偏好，可口可乐的需求持续上升，打造了难以跨越的品牌"护城河"，成为维持自己社会份额的关键。

放弃账面增长，追求坚实业务

巴菲特曾提出以下投资理念："我买入股票时，会先假设交易所明天起会停止运作5年。"（"I buy on the assumption that they could close the market the next day and not reopen it for five years"）；此外，在2009年经济危机

时，巴菲特于巴郡股东大会中，以老师、外科医生及记者等专业人士为例，提到"最有效对抗通胀的方法是你自己的赚钱能力"（"The best protection against inflation is your own earning power"）。

另外一种方法就是投资一家出色的公司。试想，若香港的股市永久关门，李嘉诚的身家会大幅缩水吗？账面上会，但他拥有经济产出的比例不会受到多少影响。只要经济继续运作，他旗下的业务会继续为他制造盈利及现金流，他所拥有的"财富"不会因为股市是否关门而受到影响。股票或资本市场只是为资本家进行财务操作的平台。当我们每日紧盯股票涨跌，妄图通过对其进行炒买炒卖致富时，真正资本家的一大心思是努力提升自己所占的社会份额。

以这种投资理念累积财富需要经过很长一段时间，就如同巴菲特运用复利滚存的方式致富一样，他绝大部分的财富是在60岁后才获得的。这当然不同于炒买炒卖的致富方式。

诚然，作为一般投资者，很难以上文所提及的投资理念进行投资操作，其中关键原因是，一般投资者的资金规模小，难以察觉自己在社会经济产出中的份额变化；而且，与控制企业经营的企业家不同，一般投资者不能从生意运营的资金流中得到好处，只有在股价上升及收取股息时才感受得到"获利的喜悦"。不过，若投资者期望通过投资致富，则应该要先明白社会份额的概念，并以之作为投资操作的基本原则。只有这样，投资者才可能以较为客观和更贴近现实的角度衡量企业的价值。

保障财富，首选财务稳健的企业

把这种理念应用到今日的投资市场尤其重要，货币是资本市场的根基，货币市场的不稳定直接干扰了资产的有效定价，如果去美元化"战场"进一步白热化，相信全球资本市场很快会进入混乱状态，在这种情况下追求账面上或金融层面上的回报，似乎已没有多大意义，因为价格的变化已与基本面（例如经济实力和购买力）脱节。所以资产若没有相应的经济实力支持，繁荣将会是空中楼阁、昙花一现。

相对地，拥有经济价值高于金融市场账面值的资产，是保障自己财富最有效的途径。虽然在短期内可能会因为货币势力的变动情况而出现更大的价格波动，但只要该资产能保持稳定甚至上升的经济产出，它的市场价格最终将会在混乱过后的市场被反映出来。

当然，你或许想表现得更加精明，认为既然全球资本市场将出现混乱，那么持有现金就稳妥了，那就等大盘跌停才买资产。但若混乱的起源是现行的全球货币体系，你要持有哪一种现金货币才是正确的选择呢？

过去10年，资本市场定价模式被扭曲，以预期增长为高估值的借口，甚至有财经专家毫不讳言地公开认为传统估值指标已经过气失效，这一切并没有显示出投资人有更好的预测能力，反而显示了这些投资人对现在或未来局势的不了解。随着通胀来临，政府、央行，以至投资者都要被迫重新正视自由市场调节的效率，考虑价格与回报率关系等基本问题。

英国科学家弗朗西斯·高尔顿（Francis Galton）提出的"均值回归"（reversion to the mean）理论指出，如果钟摆在某一个时刻摆动到一个极端，那么它也会在其他时候摆动到另一个极端，而从长期来说，摆动幅度会趋于平均水平。所以，当一个投资人曾经以为自己可以准确预测未来后，他也很可能会在很长一段时间内对自己、市场完全失去信心。

资本市场正在步入新的大周期，过去被扭曲的定价模式将要转变，对于投资人来说，唯一可靠和不变的是财富的累积速度完全取决于投资的回报率。一个认识到自己所知有限的投资人，会明白在变动不居的市场情况下，采取谦虚态度和保守策略的可贵。当低息环境不再，相比起期待未来增长，市场将会更需要高回报的投资来支付日益上升的资金成本，这就意味着财务稳健、有稳定现金流和低本益比的公司将会重新成为投资市场的关注重点。

追捧电动车不如投资发电行业

在过去两年中，有一段时间，内地与香港的股市对电动车相关的投资表现出极大兴趣，许多人都相信汽车业要转型了，全球将迈向更环保的时代，目光都放在电动车及相关配件上，例如电池。电动车的未来会如何，相信没有人能够百分百地准确预测，但若我们对当下社会结构有基本了解，便可知即使汽车行业转型为全面推行电动车，但电动车也是要充电的，即社会需要大幅增加发电量来满足电动车的能源需求。在这个前提下，相比已经被炒卖得非常高昂的电动车股价，被市场忽视及股价低迷的发电行业显得更加值得投资。并且，在中国的发电行业中，火电的比例高达六成，即使中国政府的目标是要提高洁净能源的比例，但这也不可能在 1

至 2 年内完成，这意味着若要满足眼前因为电动车普及而出现的电力需求激增的现状，将不可避免地要提升火电主要原材料——煤炭的需求。事实证明，在电动车股热潮过后，火电行业的相关股票表现出更持久的升势，未来市场对电动车行业竞争的忧虑，反而使得人们对其增长前景的关注度降低。

若能够准确预知未来，肯定能在投资市场获得超额回报，但如果未来能够被肯定，"未来"这个词就要被改写了。所以，稳健的投资者在尝试对未来作出预测时，会尽可能以保守的态度，避免为"未来"提前付出高昂的成本。而且，相比起"预测未来"，他会试图对"现实"有更充分的了解，只要对"现实"比市场了解得多一点便能够取得优势。

在当今的资本市场，第一个要认清的事实是，全球资本市场，尤其是美国的高估值市场，难再实现高回报。

4.3 放弃虚幻升值：新指标追求增长

要进行理性的投资策略，第一步是要设定一个合理的预期回报，因为这个预期回报将决定你做投资时所付出的价格水平，也会影响资产配置的方式。

面对未来的投资环境，投资者首先要接受预期投资回报下降的事实，因为经济的预期增长将更趋缓慢。当社会和经济越趋成熟，边际效益下降，再多的经济增长也不会带来更大的社会效益，这是大多数成熟经济体面临的同一问题。

由联合国发布的《全球幸福指数报告》（*World Happiness Report*）指出，当人均 GDP 超过 7 万美元时，国民幸福程度就会进入高原期，因为社会建设和生活质量达到一定水平后，可以改进生活的空间便越小，社会便会陷入缺乏有意义的增长动机的困局，也是让我们重新正视经济发展真正意义的机会，这也是幸福经济学正持续发展的原因。

除了所谓的幸福感以外，有更确凿的证据证明追求经济持续增长是不再靠谱的发展方向。《自然》（Nature）杂志曾发表一篇报告指出，经济的能源强度（每单位 GDP 的能源消耗）下降速度正在减慢，能源的供应和需求两方面都接近效率的极限，持续的增长已经抵消了能源和天然资源效率的收益。能源与产出的边际效率下降进一步证明了经济持续增长是不可能的，未来社会需要从以经济增长为目标转型，这肯定会导致预期投资回报率的下降。以美国股市为例，经济以年均 4% 至 5% 的速度增长，造就了美股年均约 10% 的回报，若未来经济增长降至 2% 或更低，股市的预期回报也将会大幅下降，更不用说在历史上跑输大盘的基金经理了。

整体市场的预期回报下降，基金经理的绩效也不见得对投资回报有帮助，巴菲特曾经打赌在 10 年内指数基金跑赢精选对冲基金并赢得了 100 万美元赌注。作为一般的投资大众就更需要明确了解到自己的处境，别企图追求自己认为的理想回报而承担与回报不成比例的高风险，对任何投资的预期增长和回报应该作出相对保守、合理的估算，避免为不确定的预测付出高昂的代价。

近年来网络媒体盛行，与投资或财经相关的关键意见领袖（Key Opinion Leader，简称 KOL）更是如雨后春笋般涌现，每位都标榜自己的投资绩效十分理想，为求取更多关注，这些 KOL 都大力标榜自己有独特的投资技巧或程序，并已实现了数以倍计的高额回报。当然，我们不能排除个别人士有特别的天赋或运气，但如果能够每年都实现数以倍计的年回报，年度绩效只有大约 20% 的巴菲特也不会被称为股神了。

追求"幸福感"取代盲追GDP

由于现代经济学缺乏明确目标及国家之间存在竞争，社会目光便放在追求无限的增长上面，并认为 GDP 的增长代表了经济繁荣。但随着结构局限和效率下降等因素，这个唯一目标也是时候要作出改变了。

参与制定 GDP 的美国经济学家西蒙·库兹涅茨（Simon Kuznets）曾经告诫"国民收入难以代表国民福祉"。首先，国内生产总值，只是衡量一个国家的产出总额。但 GDP 没有告诉你这些产出是否能有效提升社会水平、生产效率和生活质量；而且，国内生产总值的组成是"消费＋投资＋贸易净额",也就是说,有可能会出现GDP与国民收入走势不一致的情况。

除此之外,从实际意义上来看,GDP也不能反映一个国家的社会发展和居民生活质量。将GDP与衡量国民健康、知识、所得的社会发展指数作比较,人均GDP排名较前的欧美国家,它们的社会发展指数却出现背离的情况,以美国为例,人均GDP排名前五,但其社会发展指数却只排到第十八位。

诺贝尔经济学奖得主约瑟夫·斯蒂格利茨（Joseph E. Stiglitz）曾发表的一篇名为《误判我们的生活：为什么GDP加起来不好》（*Mismeasuring Our Lives: Why GDP Doesn't Add Up*）的研究报告指出了相似的结论,并提出以幸福感（wellbeing）代替GDP。

而在2020年美国经济学会上,经济学家们也指出单靠GDP不能衡量国家的繁荣程度,因为它没有考虑到健康、收入或财富的分配和生活质量等因素,还有学者因此提出了以真实发展指标（Genuine Progress Indicator,简称GPI）取代GDP作为社会目标。

盲目追求经济产出的增长,而忽略了产出的社会效益，所造成的结果是国家不断肩负更大的债务，但生产效率和生活质量却没有因此而提升，令很多国家都出现债务违约和内外矛盾加剧的问题，这些都亟须解决。投资市场似乎比政府部门更早明白这种情况，并已经加大纳入ESG（Environmental, Social and Governance，即环境、社会、公司治理）因素在投资中所发挥的作用。截至2020年年底，全球ESG相关的投资规模已经达到16500亿美元，相比2018年上升了接近2倍。这显示投资界在作投资决策时，越来越关注投资对环境和社会发展的影响。虽然ESG投资仍然处于探索阶段，但从长远来看，这个方向有望减少无效投资和盲目追求增长。

高ESG评级公司提供更高的总股东回报

当投资界侧重ESG在投资决策的作用时，ESG投资在市场上的资金占比将会增加，从而制造比大盘更高的投资回报。摩根士丹利（MSCI）发布的报告指出，在2020年美国的可持续股票基金的表现较传统同业跑赢4.3个百分点；而MSCI的研究也指出，获得较高ESG评级的公司，在过去10年提供了更高的总股东回报。各国政府对可持续发展的要求日趋严厉，其中一个主要原因也是为了减少无效益的浪费和提升总体回报率，对投资者来说，尽早加入 ESG 投资的行列能够取得先动优势。

不仅企业在营运或投资上要加入可持续发展的因素，个人在追求财富上也一样，盲目追求账面财富不是明智之举。财富是相对性的，历史上最富有的人是 14 世纪时的西非统治者曼萨·穆萨，他拥有当时全球黄金总量的一半，财富多得无法形容，但你会想与他交换生活环境吗？相信在今日的香港，任何一个普通市民的生活舒适程度、卫生程度大都比他好，寿命也大都比他长。在没有冷气的古代西非生活，你能接受吗？曼萨·穆萨只活到 57 岁，比香港男性的预期寿命 83.4 岁短 26.4 年。所以，在追求财富前，我们或许应该先对自己的渴求有更多认知，是真正想追求更大的社会份额和随之而来的成功感，抑或只是为了生活得更舒适？

4.4 部署多元资产：现金、黄金、科技

我曾说过，在不稳定的情况中投资，最重要的是想象力。我们正处于货币体系混乱、资本市场被扭曲的年代，很多我们以为不会发生的事情，在最近2年都相继出现，一次又一次地令我们大开眼界。谁又能说得准美国不会违约，美元体系不会出现改变？这种想象力，是要为最坏的预期作准备。

运用想象力并不是说我们要以凭空猜想来作投资决策，但我们应该要有"什么事都有可能发生"的心态和事前准备来面对眼前的投资环境。被誉为"价值投资之父"的本杰明·格雷厄姆（Benjamin Graham）说过，投资操作不是对预期回报的管理，而是对风险的管理。

所谓不稳定情况，就是我们在往常认为发生概率很小的

事会突然发生，而且会接连出现。并且，当这些小概率事件发生时，通常都会产生非常严重的后果。比如飞机失事的概率是千万分之一，但发生时几乎是灾难性的。

投资者要在这种环境下进行投资，追求获利是次要的选项，更重要的是尽可能维护自己的购买力不受侵损。而要达到这个目的，投资者需要遵从两个资产配置原则，分别是高流动性和资产多元化。

重视流动性的原因有两方面，第一，因为在扭曲的资本市场中，股票和债券都在下跌，在前景能见度较低、长期投资风险更高的环境下，投资者将被迫首要考虑短期收益；第二，若货币体系出现较大动荡时，越是能够快速且容易换取商品的资产，其所受到的损耗也会越低。

选择高流通现金组合

在考虑避免资本市场波动及寻求短期收益方面，多元的现金组合、短期债券及定期存款是高流动性的资产配置选择。在现金组合方面，香港人较熟悉的货币可以分成三大类：

第一类是有丰富天然资源支撑的货币，例如加元、澳元、新西兰元、瑞士法郎等。其中，瑞士作为中立国，在国际收支上长期维持顺差，且瑞士对金融客户的信息高度保密，加上瑞士是全世界最重要的黄金精炼国，拥有全球最高的人均黄金储备量，因此瑞士法郎或可成为最稳定的避险角色货币。

第二类是全球使用率及流通量正在持续上升的人民币。鉴于中国拥有全球最大的制造业及贸易占比，以及承担着储备"石油人民币"的新角色，人民币正以一种绕过美元体系的方式逐步建立一个平行体系。而且，中国也有接近2000吨黄金储备和全球第二大的外汇储备，加上人民币汇率所呈现的稳定性，令国际市场对人民币充满信心。

第三类是美元。读者可能会觉得奇怪，本书不是一直说美元体系逐渐崩溃吗？为什么我却建议持有美元。对香港人而言，若美元体系出现巨大波动，在港元与美元挂钩的情况下也肯定会受到同等程度的牵连。在这种前提下，美元的存款利率较高，所提供的风险回报也相对理想。

在过去几年的超低利率环境下，香港兴起了保费融资的投资方式，牺牲流动性以杠杆换取较高回报，但在美元利率比港元利率上升快的情况下，加上本地虚拟银行以极低利率吸引客户贷款，一般人也可以以低于年利率2%的成本从虚拟银行借入港元，并以之换成美元放在银行开立定存业务，赚取4%以上的年利率，这一方式所牺牲的流通性成本比保费融资低得多，而且，保费融资的利息成本是按香港银行同业拆息（HIBOR）或最优惠利率浮动，而虚拟银行的贷款却是固定的，利率风险也比保费融资低。

就购买力的抗跌性而言，高流动性和资产多元化是一体两面的，因为高流动性代表的是投资者能方便地在购买力没有减损的情况下获取商品；而多元化的资产配置则能够帮助投资者的整体资产组合维持相对稳定的购买力。而由于前提是投资者要尽力保存自己对于商品及服务的购买力，在资产配置中便应该增加非金融产品的资产，例如商品投资，其中，能源、贵金属这一类需求较稳定、认受性较高的商品，它们储存的功能价值较高。

智能生活成未来经济增长动力

除了要牢记"什么事都有可能发生"外，在当今这个"一日千里"的年代，我们要多运用想象力来预测未来世界的日常生活会出现什么改变。

我们没有能预知未来的水晶球，但不妨参考近年的科技变化。时代巨轮不断前进，科技的发展让社会一次又一次突破瓶颈，让经济重拾增长动能。我们未来面对的世界可能会遍布人工智能，汽车会自动驾驶，文字或图片创作只需输入简单的要求，软件会自动编程，并能通过机器学习不断提升运算能力，遗传病能以基因编辑的方式修复，可在极短时间内研发出疑难杂症治疗药物，例如新冠疫苗能在短期内研制成功离不开科技的发展。

根据英国牛津经济研究院（Oxford Economics）的预测，机器人跟自动化的崛起将取代人类的就业机会，预计到2030年机器人将弥补全球约2000万份制造业空缺；《哈佛商业评论》（*Harvard Business Review*）在2018年4月标题为《自动化热潮之后，衰退就来？》（*Why the Automation Boom Could Be Followed by a Bust*）的一篇文章中也作出类似预测：下一轮自动化已经开始。人形的服务机器人、机器学习算法和自动物流（autonomous logistics）将在未来10年内取代数百万名服务工作人员。到2030年，美国在自动化方面的增量资本投资可能达到80000亿美元。

在近20年，美国的低生产效率是经济增长的最大障碍，在2020年疫情后情况更加明显，老年劳动人口的退出导致当地出现劳动力荒，刺激薪酬水平急升，每单位的生产成本大幅上升。这种局面可能会持续一段时间，但肯定会成为企业加速提升自动化生产的缘由。在2019年，研究机构Tractica曾经作出预估，全球机器人营收市值在2025年将达到5000亿美元，届时人工智能将取代人类1/3的工作。

就这一趋势，可以作出如下思考：第一，智能生活基建将会成为经济继续增长的推动力，而且若人工智能的普及化将覆盖生产和城市各个层面，相关的硬件及软件行业的需求将会有爆发性的增长，例如半导体产业、5G，甚至是6G发展、机器人等，因此原材料金属，以及电池、新能源等市场需求也会有较快增长。第二，若人工智能取代人类工作，那将会出现更多的企业税种和相应的生活福利，在此环境下，基本消费、个人娱乐的需求也将会有较大增长。

著名投资顾问及基金经理人乔恩·D.马克曼（Jon D. Markman）的著作《投资未来：重构世界与财富的12大科技投资领域》一书，描写了多个新兴的产业链并介绍了多家有领先优势的企业，对投资者了解新兴产业和构想未来世界有一定程度的参考。

越是中美竞争激烈的领域，越可能是未来世界的重心行业，从奥巴马时代开始，美国就提倡重点发展智慧城市，但因为当地的法律制度、政治和其他社会问题，令美国的智慧城市和大数据的发展步伐较中国落后。而后来的特朗普和拜登政府，陆续把科技战的热度提升，先是禁止政府采购和使用华为和中兴的科技产品，之后更是联合同盟国禁止向中国出口顶级芯片，企图拖慢中国的智慧城市发展进程。

美元衰落，黄金需求重现

在各方去美元化的趋势中，受到冲击的是以美元为中心的全球货币体系，在市场寻找到更值得信赖的货币前，货币市场重返商品本位制的可能性非常大，其中，最有可能成为商品本位制的锚的商品，必定被认为是"神的金钱"（The God's money）的黄金。

自国际放弃金本位制度后，美元霸权地位确立，黄金自然是美元的头号大敌，若市场对黄金重拾信心，即使对美元的信心减退，其他没有黄金支撑的法定货币也会面临同样考验。因此，美国对黄金市场的控制和打压一直都非常严厉，在舆论上，政府一直坚称自金本位制度取消后，黄金除了可以做成首饰以外，几乎没有任何价值；在金融市场的操作上，官方则利用衍生性商品和套利合约等方式操纵黄金价格。

然而有趣的是，美联储拥有世界上最多的黄金储备，根据世界黄金协会的数字，截至 2022 年第三季度，美国的黄金储备约 8133 吨，数字自 20 世纪 70 年代以来几乎没有变化。美国会以低息向投资银行出租黄金，投行以大约 1% 的利息成本借入黄金后，便会做短期操作——把借得的黄金放到市场出售并换取美元，然后以之购买美国国债，赚取息差。这种黄金套利交易，让美联储可以抛售央行黄金打压黄金价格，央行能收到 1% 的利息收入，投资银行又能赚取息差，而且还刺激了美国国债需求（对财政赤字高企的美国来说，这点很重要）。投资银行从央行借来的黄金一般是 6 个月的短期合约，而赚取的通常是长期的国债息差，这个套利活动的合约期时差会造成风险，而银行则因此开发了许多远期合约，让黄金生产商预售黄金矿产。

每当黄金价格因为市场需求而被推高时，以美联储为首的央行就会开始抛售黄金，从而导致投资者撤离，让美元以及"亲美元"的货币体系重拾市场信心。早在格林斯潘执掌美联储的年代,美联储就已公开承认当局会通过出租黄金来增加市场的黄金供应量。而且,这个操纵黄金的势力范围影响会不断扩大。因为投行对黄金的套利交易持续增加规模后,如黄金价格上升,意味着投行很可能需要以更高的价格退还黄金,并因此造成损失;而且,若投行没法偿还黄金,央行的黄金账目也会出现亏空,从而导致货币信心崩溃。这种黄金套利交易是由央行推动的,央行就有责任确保投行不致亏损,因此,央行出租的黄金量会越来越大。

随着时间推移,市场可能会担心央行的黄金储备量,其他央行对存放在美国的黄金储备也可能会产生忧虑。

多国要求运回在美黄金储备

第二章2.3节已指出,各国正加速为去美元化作准备,黄金需求因而上升。此外,随着世界对美元体系出现信任危机,各国陆续把存放在美国的黄金运回本土。

因为冷战、布雷顿森林体系等种种历史问题,以往不少国家央行都会将该国的黄金储备储藏在纽约联邦储备银行地下铜墙铁壁的金库内,目的是巩固美元金本位制的稳定,而即使在布雷顿森林体系解体后,各国仍然没有试图改变美元金本位制，为的是支持美元继续作为世界货币体系的中心。而且，国与国之间进行的黄金交易也可在该金库内完成，于是各国一直没有把黄金运回本国。根据纽约联邦储备银行的公开资料，截至2022年，有约6190吨黄金储存在当地，这些黄金大部分并不属于美联储，而是它代其他国家央行等机构持有，它们分别来自48个国家及12个国际组织，只有小部分属于美国政府。

这种做法一直相安无事，直至2008年金融海啸后，各国央行一来要稳定货币，二来由于美国大量印钞，各国都担心自己放在美联储的黄金的安全性，于是向美联储要求检查自己的黄金是否仍然存在，以及要求运回黄金。尤其是美国实施制裁法令后，存放在美国的美元储备也可被冻结，那么存放在美国的黄金自然也可被美国冻结，甚至没收。也有人认为这种质疑是杞人忧天的，因为美国不会破坏自己的信用而因小失大，但从近年的情况来看，几乎只要得罪美国，任何美元资产都会被冻结，也反映美国正在实施威权和凌驾信用的国家战略。

各国"让黄金回家"的声音越发频繁，最先发生于2012年，德国央行要求检查放在美联储的黄金储备。当时德国的黄金储备总量约 3391 吨，是仅次于美国的世界第二大黄金储备国，其中 1536 吨保存在纽约联邦储备银行的地下金库。不过美联储多次以"可能会对金库造成安全隐患和程序问题"拒绝德国央行的检查，双方经历了多番周旋。根据德国央行公布的数字，美国于 2013 年至 2016 年间，先后仅交还共 300 吨黄金。直至 2016 年年底，德国央行仍有 1236 吨黄金储存在纽约联邦储备银行，与 2021 年的储藏量相若。而德国的黄金储备已经由 2000 年的 3175 吨增至 2021 年年底的 3360 吨。

美国的黄金储备自 20 世纪 70 年代以来几乎没有变化，都是约 8133 吨，而数据显示，美国 2010 年至 2021 年共计出口约 5787 吨黄金。坊间有声音质疑美国是否会"挪用"他国的黄金储备，但未有权威消息证实。现实是，美、德的黄金闹剧上演后，陆续有更多国家要求从美国运回黄金储备回本土。自 2020 年以来，全球央行运回存放于美联储的黄金的情况持续升温，至少有 15 个欧洲和新兴国家提前将存放在美国的黄金运回自己国家。截至 2022 年 8 月，美联储的黄金保管量已下降至 5500 吨，创下历史低位。

通胀保值债券与金价走势脱轨

2022年以来，美元指数上升了18%，同期黄金价格只下跌了9%。其中重要原因之一是各国央行都在增加黄金储备。世界黄金协会数据显示，2022年上半年全球黄金需求总量达2189吨，同比增长12%，全球官方黄金储备增加了270吨。过去4年央行的黄金净购买量达到1850吨，创下了1971年美元与黄金脱钩以来的最高购买速度纪录，官方黄金储备自2008年以来已经增加了逾5000吨。这种刚性需求，或令美欧央行利用"出租"黄金来压低金价的效果大减。同样地，直至目前，即使长期利率已突破4%，但美债的需求也未见上升。而且，过去与金价表现非常一致的美国十年期通胀保值债券（TIPS）价格的跌势，于2022年也显示与黄金价格走势背道而驰（见图4.1）。

图 4.1 美国十年期通胀保值债券与金价走势（2002年至2022年）

注：数据截至2022年12月12日。

美国十年期通胀保值债券价格下跌明显是通胀预期大幅回落的迹象，但其表现与黄金价格脱轨，其原因有两种可能：一是黄金价格滞后，随后可能会下跌；二是反映黄金比TIPS的避险功能更高，意味着美国在美元与黄金的信心战中正处于下风。若美国出现滞胀，将令美国更难还债，更高的利率还会进一步增加美国的财政负担，从而令美债发生违约风险或迫使美联储在高通胀下重启量化宽松购入美债，令高通胀长期化。

若以美元为中心的货币系统出现什么差池，那么黄金储备可以作为各国稳定本国货币的金本位基础。各国央行在近年以破纪录的速度增加黄金储备绝不可能是巧合，即使被迫服从美国支持美元的意志的日本,在很长一段时间都没有增加黄金储备,但从2021年起,也开始增加黄金储备、减持美债。根据日本财务省的数字,日本自2021年起增加黄金储备,由765吨增至约846吨。而美国财政部透露,日本作为美国国债最大的主要外国持有方,其持有国债的金额亦由2021年11月的约1.33万亿美元,减至2024年12月的约1.06万亿美元。

空穴来风,未必无因。黄金在布雷顿森林协定前流向美国,令美元逐渐形成霸权,而近年来黄金则从美国回流各地。此外,美国本土对美元信心亦见动摇,堪萨斯州(Kansas)于2021年提议将金币及银币列为与美元同等的法定地位,虽然最后未能通过,但其他州相继有同类倡议,美国近年的银币及金饰需求也急速上升。这是否意味着世界货币体系将从美元本位重回黄金本位?

石油储量有减无增,价格必升

2020年负油价时,美国部分石油企业濒临破产。巴菲特却买入西方石油(Occidental Petroleum)的可换股债券,其后在2022年多次增持。他对此的解释是,即使新能源使用量持续上升，但全世界对石油的需求是必然的，而且，地球的石油资源不断减少，从长期来看石油价格必然上升。

英国石油公司（British Petroleum）发表的统计数据显示，2020年年底时，全世界已确认的原油储量大约有1兆7324亿桶，以每日全球需求大约250万桶计，大约还可以开采25年，若再加上页岩油、新发现的油田、开发技术进步等因素，地球石油开采量还可维持约50年。这样一来，在10年、20年后，即使新能源的供应能够赶得上全球的需求，但石油储量及供应量持续下降，油价自然呈上升趋势。

而且，当下工业对能源的需求仍然以石油为主，石油仍然是全球交易金额最大的商品，这种局面与20世纪70年代美国寻求沙特支持以确认"石油美元"地位时并无太大区别。显然，石油在现今全球经济的地位依然稳固，有丰富石油资源支撑的国家，其货币的汇率甚至比美元更高，例如阿曼的阿曼里亚尔（OMR）、巴林的巴林第纳尔（BHD）、科威特的第纳尔（KWD）等。同样地，若某国货币能够成为美元以外交易石油的主要媒介，它的地位也肯定会拾级而上，其中，人民币似乎正向这一方向前进。

我曾于2022年2月指出，若以1980年油价峰值作为起点，在每年平均 4% 的通胀率的复式乘数下，当下 10 年的油价峰值很可能要升到 508 美元 / 桶。这看似危言耸听的论述，但回顾 20 世纪 70 年代，当年的石油若以黄金计价，就是 400 多美元 / 桶。若全球货币体系重塑、黄金再次成为货币之锚，石油价格升至 500 美元 / 桶还会是天方夜谭吗？

部署长线，配置不同类型资产

部分研究证实，从长期来看，在决定投资回报的众多因素之中，资产配置因素占了九成，投资者能够通过资产配置分散投资组合的风险，并提高风险调整后的潜在收益，实现超额回报。

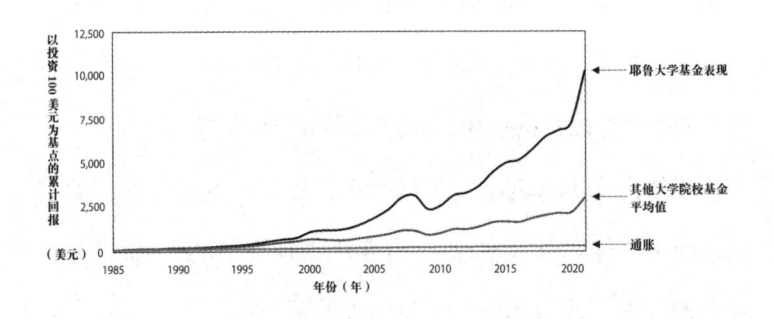

图 4.2　耶鲁大学基金相对其他大学院校基金的表现（1985 年至 2020 年）

在资产配置方面，耶鲁大学基金（Yale Endowment）可以作为大众投资者的学习对象。基金的规模从1985年的13亿美元，增长到2021年的423亿美元，年均增长率达到10.1%，而且，在2000年至2020年的20年间，平均年化收益率高达11.3%，超过了美国股市约9.1%的回报（见图4.2）。即使在2022年股债双汇商品通杀的投资环境中，截至2022年6月30日，耶鲁大学基金也获得了0.8%的收益率，投资收益达到26.6亿美元，是市场上非常难得的正回报。

耶鲁大学基金于1950年成立，初期大部分资产都投资在债券市场，后来逐步调整为"60/40股债投资组合"，但其后的表现相当平凡。直至1985年由投资专家大卫·F. 史文森（David Frederick Swensen）担任基金的首席信息官（CIO）后，帮助耶鲁大学基金创造了长期的超额回报，令这个耶鲁模式的投资策略成为投资机构推崇和效仿的对象。

耶鲁模式不仅创造了超额回报，更难得的是创建了更平稳的回报规律，基金在过去30年中，仅在2008年金融海啸时出现亏损，其他年份的收益均为正数。

耶鲁模式的投资方式主要可分为3点：

1. 配置于不同类型、回报相关性低的资产基金将资产分为 8 个类别，分别为杠杆收购、风险投资、天然资源、房地产、绝对报酬、海外权益、本地权益、现金及固定收益，其中大部分资产的相关性较低（见图 4.3）。

部分资产与实体经济收益的关联性较高，只要经济能实现长期正增长，便能提供稳定的现金流和回报，降低股市对资产组合表现的影响。

耶鲁大学基金的成功佐证了分散投资于不同类型、地区资产的重要性。随着金融市场的进步，近年也陆续有不同主题的私募股权基金及 ETF 面世，令小投资者也可以接触到创投及另类投资。

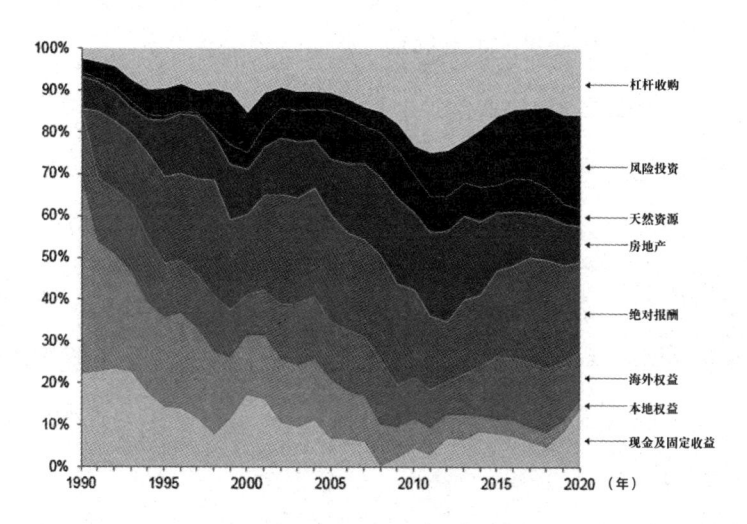

图 4.3 耶鲁大学基金的资产配置

2. 比例上较集中于非传统类/另类资产

耶鲁大学基金的资产配置比例较集中于低流动性的权益类资产；通过长期投资框架，以牺牲流动性来获得超额回报。事实也证明了这一点，在 2011 年至 2020 年的 10 年间，基金投放在权益类资产的平均配置比例约五成，而这类资产所产生的回报比例却高于七成，其中，海外权益、杠杆收购和风险投资等配置贡献了大部分收益。无独有偶，近年黑岩（BlackRock）首席执行官拉里·芬克（Larry Fink）放弃运用了数十年的"60/40 股债投资组合"，改以"50/30/20"的方式进行投资配置，即 50% 的资金投资于股票、30% 的资金投资于债券、20% 的资金投资于另类资产。

可能你会认为一般小投资者难以投资于这些另类资产，但其实随着金融市场和金融产品的发展，相比过往，个人投资者对另类资产的投资选择已大幅增加，例如另类资产的开放型互惠基金、ETF、不动产投资信托基金（Real Estate Investment Trust，简称 REITs）等，这类标的没有投资门槛或门槛很低，对小投资者而言足够作为资产配置之用。

在另类资产中要如何选择？以耶鲁大学基金的低流动性

权益类资产为例,它包括了油气、农林业等天然资源类别。这类别的资产不仅能够提供较预期通胀高的收益,而且有能见度较高的现金流,并能够分散股债风险。从这个角度来看,似乎就能够明白为什么微软创始人比尔·盖茨（Bill Gates）能成为美国最大的农地拥有者。

3. 被动调整资产组合

相对于进取型基金主动寻求高回报、低买高卖的投资策略,耶鲁大学基金倾向于采取被动方式,通过比较各项资产类别的相关性及风险水平来设定各类资产的投资比例,并只在市场波动令资产配置比例超过设定时才进行再平衡。

这一套被证明有效,受到投资界仿效,长期跑赢大盘的投资模式,却很少被财经专家或媒体所引用,这是为什么呢？

大部分的投资者认为股市是一个即投即赚的市场,捕捉升跌的时机是他们的制胜关键。所以媒体、财经专家、分析师等,都试图为投资者捕捉时机,并提供数据或论述的支持。而且,一般人难以接受账面损失,并会因此而出现悲观、抱怨的情绪,所以便衍生了在熊市中"一股不留""远离股市"的投资策略。大众投资者都希望在升市中全力以赴

（all-in），在跌市前全身而退（all-out）。

相反地，长线的投资方式几乎毫不在乎时机或预测市场走势。在过去30年，耶鲁大学基金的现金水平基本上保持在20%至30%之间，而且，维持如此高比例的现金水平，很大程度是为了应付基金的开支所需，而不是为了捕捉市场升跌时机而闲置现金。股神巴菲特的搭档芒格对此也曾表示过，在他的投资生涯中，绝大部分时间他的资金都处于满仓状态，只投资于他认为的当下最有前景的标的。

显然，对这些长线投资者而言，创造长期绩效的可靠方法是投资于预期回报能见度高的标的，并定期按市场价格的波动调整资产配置，这是因为价格与回报率呈反向关系，如前所述，资产配置因素在长期绩效中所发挥的作用高达九成。

若你偏好择时交易（timing the market），即依靠预测市场趋势作买卖交易决策的投资者，在此向你推介一本书——由2019年诺贝尔经济学奖得主印度裔美国学者阿比吉特·班纳吉（Abhijit Banerjee）和法国学者埃斯特·迪弗洛（Esther Duflo）共同撰写的《贫穷的本质：我们为什么摆脱不了贫穷》（*Poor Economics: A Radical Rethinking of the Way to Fight Global Poverty*），内容揭示导致贫穷的因素之一，正是着重短期利益、从不做长期规划、受不住诱惑进行投机。

4.5 新兴国家话语权增加：在优势中觅机遇

当世界货币体系进入动荡期，在去全球化趋势下可能衍生的国际形势中，每个国家或地区肯定不会选择闭门造车，美国政客游说的美国优先、美国制造，在现实中也不太可能会发生。这是因为全球生产链互相依赖的程度已经达到密不可分的地步，任何孤立行为对各国双方甚至多方都会造成庞大损失；而且，每个地区有各自的比较优势，现代经济社会中，贸易不只是互通有无这般简单。

从个人到国际贸易的基础，所依靠的不是绝对优势，而是比较优势，各方出售自己相对有优势的产品、技术或服务，赚取货币来购买自己优势较弱的商品，从而使贸易双方都能够得益。因此，某种商品的贸易在国与国之间发生，必然是在比较优势的基础下，双方均认为有利可图而产生的。

若因为自己出现贸易逆差，而认定有顺差的国家是占了便宜，按此逻辑，美国长期作为最大的贸易逆差国，那么全世界都在占美国便宜了？过去20年，美国政客一直宣传中国以控制汇率来实现不平等贸易优势，而在特朗普当总统期间，也直指自己的盟友——欧盟是美国贸易上的敌人。

动荡时刻各国更强调比较优势

若其中一方坚持维护自己的绝对优势，而期望通过贸易来削弱对方，在这种情况下，因为资源用在自己效率较低的领域，双方都没有机会把自己的比较优势发挥得最好，从而使机会成本上升，并最终导致双方的利益一同下降。这一思路也可用于分析发达国家与发展中国家之间的关系，若发达国家认定贸易令自己受损，从而利用行政手段干扰市场，发达国家承受的边际利润损失会比发展中国家更大。这体现了各国在贸易中，若能善于利用对方的比较优势，那么双方都能得益；若把对方的比较优势当作威胁，结果则是双方都受损。

因此，我相信在国际货币体系进入动荡期后，各地区或国家之间反而会更强调发展自己的比较优势，从而试图在国际势力中稳定阵脚。而当今世界经济的主要势力可分成四大话语权，分别是"金融话语权""科技话语权""制造话语权"和"天然资源话语权"。投资者为未来作资产配置时，不妨考虑这几大话语权。

就各国的比较优势来看，金融话语权被美国垄断；科技话语权分布于欧美日韩等地区；制造话语权暂时仍然由中国主导，但印度及东南亚国家的崛起也不容忽视；至于天然资源话语权则分布于非洲、南美、东南亚和石油输出国组织国家，例如伊朗及沙特阿拉伯等国家。

金融话语权——看新加坡崛起

金融话语权是美国的最大比较优势，也是它的绝对优势。以美元为中心的国际货币体系，令美国能够以极低的成本印制美元，而与美国进行贸易的其他国家却要付出真实的资源和辛勤劳动，努力生产商品和服务来换取美元。在这种不平等机制下，美国却反过来斥责其他国家利用贸易优势赚取美元，令美国工人利益受损，并企图重新提倡本土制造。

美国的比较优势集中在金融与技术领域，强行利用金融话语权，无视本土制造效率低的情况，以行政手段营造在制造业上的优势，这不仅会进一步拉低资本及生产效益，更会对自己本身所享有的优势造成长远损害。过度无节制地利用优势攫取利益，令美元使用者受损，这种做法逐渐令美国的金融优势变成劣势，其他国家对于长期继续使用美元的担心正迅速增加，对美元的依赖度已形成明显的下降趋势，在一定程度上削弱了美国的金融话语权。

被喻为"价值投资之父"的格雷厄姆形容股市在短期是投票机器，在长期却是称重机器，即使无视美国的债务及扭曲市场的操作，未来全球金融话语权的分布也有很大的机会更趋向于实体经济力量。以MSCI全球指数为例，它应该要反映的是全球股市的整体表现，但当中大部分的成分股被美国占据，日本、英国和中国的成分股在MSCI全球指数中的占比均不高。若MSCI全球指数更多地反映全球经济，美国在该指数的占比将会大幅下降，而中国及其他新兴国家的占比则会显著增加。

MSCI公司未来是否会因为世界经济结构的改变而调整其世界指数的持股比例，很可能还要涉及美国或其他国家的政治因素，但全球经济以至金融重心正在逐渐重整，即使美国暂时仍然是金融话语权的垄断者，就长远而言，押注在美国金融业的预期表现将会较后起者落后。

中国和新兴国家的崛起，令亚洲地区有足够潜力成为全球金融领域的后起之秀，其中，新加坡的金融发展具有较大潜力。新加坡汇聚东西方文化，是区内的中立国家，有稳定的政治环境和健全的司法体系，税率低，奉行普通法，本身又是连结东盟和大中华市场的重要枢纽，有着东南亚最大市值的股市，有足够条件在亚洲力量崛起的过程中成为区内最重要的金融大港。

新加坡日渐成为东西方资金及金融人才的重要驻地，据相关报道，到2021年年底，新加坡的家族办公室数量达到约700间，近年来资金管理行业的管理资产规模也一直以双位数在增长，在中国香港成立的惠理集团（Value Partners Group）联合创始人谢清海也表示要跟着资金走，把业务重心转移到新加坡。

新加坡金融地位超越中国香港

事实上，新加坡的金融中心地位已超越中国香港，按照英国Z/Yen集团与中国（深圳）综合开发研究院共同发表的全球金融中心指数（GFCI），2022年新加坡超越中国香港跻身全球三甲，中国香港一直引以为豪的"纽伦港"，已经被"纽伦新"所取替。即使财政司司长陈茂波以港股总成交额比新加坡高出20倍等数据支持中国香港的金融优势未变的说法，但国际清算银行（BIS）的数据显示，在全球外汇市场中，本身份额已较高的新加坡，从7.7%进一步上升1.7个百分点至9.4%，而中国香港的份额不升反跌，市场占有率由7.6%降至7.1%，与新加坡的差距再度拉大。

更值得期待的是，新加坡除拥有足够成为东西方汇聚金融中心的客观条件外，该国政府也表现出会积极推动金融业的发展和吸引人才的态度。在2022年，新加坡就公布了"金融服务业产业转型蓝图2025"，推出了五大战略方向，分别是：厚植资产类别实力、金融基础架构数字化、促进亚洲净零转型、形塑金融网络未来，以及培育兼具技术与调适能力的劳动力。新加坡计划每年创造三四千个金融业职位、推动金融服务领域每年平均实际增长4%至5%。

新加坡政府的发展规划是相对可靠的。该国在2017年已推出"金融服务业产业转型蓝图"，当时的五年规划最终都超额完成。

新加坡的金融股中，规模较大的有东南亚最大的银行——星展银行（DBS），还有华侨银行（OCBC Bank）和大华银行（UOB），这3家银行的股票也是新加坡股市中市值最大的3档（见表4.2）。

表4.2　于新加坡挂牌银行股一览

企业	上市编号	市值
星展银行（DBS）	SGX: D05	873.5亿新加坡元
华侨银行（OCBC Bank）	SGX: O39	551.5亿新加坡元
大华银行（UOB）	SGX: U11	516亿新加坡元

注：市值截至2022年12月16日。

科技话语权——欧美日韩优势各异

科技话语权分布于欧美日韩地区，当中以美国的优势最为明显。美国的大学汇集了全球七成以上的诺贝尔奖得主，全球最顶尖的20所大学中，按科学贡献度衡量，美国占了其中17所，培育出了世界一流的工程师和科学家；全球最顶尖的科技公司大部分是美国企业；而且，美国在军工、航天、医学、信息科学等领域也有压倒性的技术优势。

至于欧洲（包括英国），诺贝尔奖得奖人数仅次于美国，在工业领域、精密机械、微电子、军工、环境科学等领域也属世界一流之列。其中，欧洲的空中客车公司是少数能生产大型广体客机的制造商之一，与美国飞机制造商波音公司共同主导着全球的民用客机市场，足以证明欧洲在科技的领先优势。

至于日本和韩国的科学及技术水平也在全球位列前茅，日韩在美国国家专利局申请的专利数量，仅次于美国。日韩企业，例如东芝、三菱、三星等都拥有强劲的科研实力，在半导体、尖端机器人、材料科学方面拥有庞大的科研力量。

世界知识产权组织（WIPO）发布的《2022年全球创新指数报告》，基于创新投入和创新产出两个方面，设置政策环境、人力资本与研究、基础设施、市场成熟度、商业成熟度、知识与技术产出、创意产出等7个大类81项细分指标，对全球132个经济体的创新生态系统表现进行综合评价排名，前五位的排名分别是瑞士、美国、瑞典、英国和荷兰，被评为世界上五大最具创新性的经济体；韩国和新加坡分别排名第六及第七位，是最高排名的亚洲国家；日本则排第十三位。虽然创新指数排名更高不直接等于该国有更高的科技水平，但可反映出该国有更大的优势发展领先科技。在这个排行榜中，中国排第十一位，反映出中国在科技创新领域上的全球地位，比我们过往所了解的更有优势。

虽然欧美日韩在科技话语权上占有较大比重，但各自对如何利用自身技术优势的态度却存在很大差异。

美欲拉拢结盟，日韩取态暧昧

美国前总统吉米·卡特（Jimmy Carter）曾说过，美国堪称史上最好战的国家，而这种好战态度在科技领域也可以看得出。美国将科技优势当作武器，通过禁止技术出口或使用的方式来制约其他国家发展。其近年来主要打击的对象是中国，以前也曾用相同方法打击其他国家。早在20世纪80年代日本经济起飞时期，日本在半导体市场的占有率已超越美国，在高峰时，日本的动态随机存储器（DRAM）拥有全球80%的市场份额，因此成为美国的打压对象。美国制裁三菱和日立等半导体生产大厂，以日本企业窃取美国技术为理由，起诉日本企业，其后在1989年与日本签订了《日美半导体保障协定》，强迫日本开放在半导体方面的知识产权和专利，并以支援韩国发展半导体产业的方式，弱化日本在半导体产业的力量。如今，美国故技重施，一方面企图联合盟国禁止对华出口高技术芯片，另一方面以国防合作让中国台湾把台积电公司的领先技术和专利移师美国。

至于欧日韩对于利用自身技术优势的态度则比美国开放得多，尤其是欧洲，在严重通胀及经济衰退的大环境下，已强调会继续与中国保持经济合作，欧洲三大芯片制造商意法半导体（STMicroelectronics）、英飞凌（Infineon）和恩智浦半导体（NXP Semiconductors）也明言无计划停止在中国的业务。

日本的角色相对被动，但也正在尝试采用双轨模式，两面讨好，以分离中美业务的方法规避地缘政治风险。而中国是韩国半导体设备出口商的最重要市场，占比达到六成，而半导体产业占韩国GDP两成，韩国难以放弃中国市场。除非美国能以其他方式为日韩作出同等分量的经济补偿，否则，美国坚持以科技优势孤立中国，将会迫使欧日韩等区内邻国与中国建立新的供应链系统以规避美国的制裁风险，正如德国、法国及英国，以新的贸易机制INSTEX与伊朗继续保持贸易一样。而且，中国在欧洲经济的占比比伊朗大得多，以波音及空中客车公司为例，随着中欧关系日益密切，空中客车公司的业务比波音公司更有前景,比较最近1年和最近5年的股价,波音公司分别下跌了19%和32%,而同期空中客车公司股价的走势分别是持平和上升35%。

欧洲的科技公司中,凯捷(Capgemini)、艾司摩尔(ASML)、诺基亚(Nokia)、思爱普(SAP)、ASM International、英飞凌等都是在全球举足轻重的科技巨企,也是不少科技基金的重点持股对象(见表4.3)。

表4.3　欧洲主要科技巨企资料

企业	上市编号	主要业务	市值[1]
凯捷 (Capgemini)	Euronext: CAP	信息科技服务管理	286.6 亿欧元
艾司摩尔 (ASML)	Euronext: ASML NASDAQ: ASML	半导体设备	2373 亿欧元[2]
诺基亚 (Nokia)	OMX: NOKIA Euronext: NOKIA	通讯网络装置	255.5 亿欧元[3]
思爱普 (SAP)	NYSE: SAP	企业软件	1234.8 亿美元

续表

企业	上市编号	主要业务	市值
ASM International	Euronext: ASML	半导体设备	128.4 亿欧元

注1：市值截至2022年12月16日，金额已四舍五入。
注2：该企业于泛欧交易所（Euronext）挂牌之市值。
注3：该企业于泛欧交易所挂牌之市值。

韩国方面，除了半导体产业以外，反映出韩国的科技力量的还有军备工业（见表4.4），根据韩国进出口银行的报告，相比2012年至2016年的5年，2017年至2021年，韩国武器出口金额增长了176.8%，武器市场占有率以2.8%位居全球第八。2021年，韩国的军备出口销售额已达到70亿美元，预计在2022年更会突破100亿美元，超越中国成为亚洲第一大武器出口国，在全球仅次于美、俄、法，成为全球第四大军备出口国。而当地的武器制造商有Victek、Hanil Forging Industrial、Speco、韩国航空宇宙产业（KAI）等，在2022年全球股市动荡中，韩国军工股股价也普遍能获得双位数的升幅。

表 4.4　韩国主要军工企业一览

企业	上市编号	市值（亿韩元）
Victek	065450.KQ	1259
Hanil Forging Industrial	024740.KQ	798.9
Speco	013810.KQ	709.3

注：市值截至 2022 年 12 月 16 日。

制造业话语权——中国遇瓶颈，对手急追赶

说到制造业话语权，中国的优势是毋庸置疑的，即使近年有关制造业西升东降之说不绝于耳，《彭博商业周刊》（*Bloomberg Businessweek*）早于 2010 年就曾经刊登一篇名为《工厂何以纷纷撤离中国》的文章，解释中国制造业因为人工费上升等原因导致向印度、东南亚、非洲等地转移，而较高端的制造业则为了打造成欧美品牌而移师西方国家，认为中国制造业已成为明日黄花。

但实情是，在 2012 年至 2021 年间，中国制造业增加值却连续22年稳居世界第一，工业增加值由20.9万亿元增加到37.3万亿元，其中，制造业增加值由16.98万亿元上升至31.4万亿元，占全球比重从22.5%提高到接近30%，相比之下，2021年美国的制造业增加值只有2.563万亿美元（约16.66万亿人民币），而美、德、日三国占全球工业比例分别是16%、7.4%、5.2%，中国工业的全球占比几乎是三国之和。

为什么10多年前的"明日黄花"却成为黑马呢？这是因为经济学家只从人工成本等因素考虑，忽略了中国制造业最大的竞争优势在于拥有完备的体系和生产链，也低估了中国的产业升级进度。据工信部的资料，中国工业覆盖41个大类、207个中类、666个小类，在500种主要工业产品中，有40%以上产品的产量居世界第一，中国是世界上工业体系最健全的国家。这种覆盖宽广的体系，造就了高效的制造业流程，从原料、零部件到组装、打包等整个制造流程能够一气呵成，这种高效操作能够抵消不断上升的工资成本，在中高端、毛利较高的商品领域尤其如此。

中美贸易起摩擦,墨西哥代工得利

不过,由于经济结构、人口结构等因素改变,中低端制造业持续外流到其他新兴国家的情况真实存在,而且,在高端制造业领域,与欧美日等地区仍有技术和工艺水平差距,令中国制造业面临瓶颈,需要推动产业链升级改造。与此同时,墨西哥、印度、东南亚各国的制造业悄然崛起。

墨西哥制造业的兴起,部分原因与中美贸易摩擦、美国推动"近岸外包"有关。中美贸易摩擦,导致美国推动产业链向美国邻近国家(例如墨西哥)回流,在美国部分进口商品上,墨西哥成为中国的重要替代国,例如交通运输设备、电气设备、计算机、电子产品等。在 2015 年至 2021 年间,墨西哥的出口额增长了三成,出口占 GDP 比重由大约 32% 上升至突破 40%。

在这一背景下,美国自然成为墨西哥最大的出口对象,因此,美国占墨西哥全部出口约八成。墨西哥对美国的依赖也成为该国的重大风险,在政策及贸易上都要跟随美国的方向,2020 年被迫签订的《美墨加贸易协议》(USMCA)便是一例。而且,墨西哥出口至美国的货物中,大约四成的材料和零件来自美国生产,也就是说,墨西哥的出口价值中有四成是属于回流货品，墨西哥只是进行组装或其他较低技术的工序，而且，依据《美墨加贸易协议》，美国提出了"国内产品附加值占比要求"，又要求"轿车、卡车及相关零件的部分生产要在美国进行"，即美国只把墨西哥作为代工厂，完全没有给予其长远发展的机会，若某天美国的自动化生产比例大幅提高后，墨西哥目前所享有的制造业优势便会荡然无存。

印度经济发展加速：机遇中有隐忧

印度是世界上第二大人口国家，有庞大的廉价劳动力，巨大的市场支撑了该国发展出较强的研发能力和世界级企业。相对于中国因为经济结构改变而步入量转质、较为放缓的增长期，印度的经济仍处于高速增长期，2021年GDP增长高达8.9%，国际货币基金组织预计，2022年印度GDP更将超越英国，成为全球第五大经济体。随着印度经济的快速成长，近年全球十大富豪中已新增了两名印裔富翁；全球对印度市场的关注度也显著上升，迪士尼在2022年推出了印裔超人"惊奇女士"（Ms. Marvel）正是看准了庞大的印度市场。

2014年，印度推出了"印度制造"（Make in India）计划，鼓励本地生产，希望在2022年把制造业比例提升到占国内生产总值25%以上。截至2022年年底，虽然效果未如预期，2021年印度制造业仍然只占GDP约15%，但"印度制造"也有一定效果，这些年来成功吸引了苹果、三星、日立和KIA等知名企业落地投资，印度占全球智能手机制造业的生产比例也上升1倍至大约20%；而且，2020年印度政府再推出"生产连结奖励计划"（production-linked incentive），进一步加速了印度制造业的发展，促使了印度制造业产出在2021年同比大增22.32%至4465亿美元。

以印度的人均收入程度，当地的发展仍只是起步阶段，潜力非常大，但投资印度也需要留意不少风险。第一是汇率风险，虽然印度SENSEX指数（又称"孟买敏感30指数"）在5年间上升了接近1倍，从大约3万点上升至逾6万点，但因为印度的长期"双赤字"，同期印度卢比兑美元汇率也下跌了超过两成；在商品价格上升和因为美元加息而出现资本外流，2022年第二季印度的经常账赤字上升至GDP的3.6%，为9年来历史新高，对印度卢比的汇率形成更大压力。

第二是印度股市的投资风险。2022年，印度是少数经济高增长的国家，也是少数的股市能获得正回报的国家，2022年前10个月，印度SENSEX指数上升了约5%；但随着印度股市的攀升，其投机程度也日益显现，印度SENSEX指数的市盈率及市销率都高达3.5倍。相比起来，有量化宽松支持的美国标准普尔500指数的市销率高点才3.04倍，没有量化宽松支持的印度却高达3.5倍，显示印度投资市场存在一定程度的疯狂现象。

根据相关报道，印度想要抢占中国的市场份额仍需要很长时间，例如若苹果公司将在中国的10%的产能转移就需要8年时间。即使印度前景再好，但投资者太早或以过高的价格投资当地市场也可能得不偿失。

承接中国外流订单：东南亚国家各有优势

若把东南亚国家作为一个整体来观察，该地区在制造业上有四大优势：第一，人口结构年轻，生产力及学习能力较强；第二，邻近中国，一来较容易承接从中国外流的订单，也能够连接中国这个庞大的消费市场；第三，中产阶级快速成长，在东盟国家中已有约7000万户家庭成为年收入超

7500美元的中产阶级,麦肯锡咨询公司预计到2025年,东盟国家的中产户数将上升至1.25亿,成为区域内的重要消费力量。而最重要的是,区域内有丰富的天然资源,而且各国产业链的比较优势各异,有利于区域内互补和生产链长线发展,东南亚国家中最重要的五大制造业国家的优势产业各有不同,在承接中国制造业过程中受益的行业不同,避免了直接竞争。例如,越南的比较优势在纺织服装业、农产品和机电仪器设备等行业;印尼有丰富的矿产资源,在农产品、矿产品和非金属制品等行业有明显的比较优势;马来西亚的工业体系较完整,又是东南亚的第二大产油国和天然气生产国;泰国的比较优势则侧重于农产品和非金属制品;而菲律宾的优势则在于机电仪器设备方面。

2022年,G20峰会和亚太经济合作会议(APEC)两大国际经济合作论坛分别选址在印尼及泰国举行,中美两国之间竞争激烈,东南亚国家成了两国的拉拢对象,也是该区域经济得到较大支持的背景因素。其中,印尼是区域内的最大人口国家,而越南在地理上邻近中国,是最契合中国产业转移的国家,近年李嘉诚在东南亚的布局中,重点投资主要分布在印尼、越南和新加坡三地。

天然资源话语权——非洲的崛起

读者看到这里,可能会以为我是一个反美主义者,在为那些所谓"东升西降"的口号呐喊。东方国家正值中产人口上升,经济将会继续向好发展是再自然不过的事,但我认为未来世界发展得最快的地方,却会是天然资源丰富的非洲。

看好非洲的前景有三大主要原因。第一,贯彻本书的主调,当美元体系出现信心危机之际,国际市场将会从争夺美元转向争夺天然资源;第二,地缘政治动荡使得能源、粮食等资源成为争夺对象;第三,非洲的城市化建设、数字及消费经济已成为发展迅速的市场,但却未被投资市场重视。

非洲拥有非常丰富的天然资源,资源分布以撒哈拉沙漠为分界,北非有丰富的石油和天然气,西非有铁矿,南非有钻石、黄金,东非有燃煤。非洲在全球的矿产资源中占有非常重要的地位,全球开发利用的150多种矿产资源在非洲均有分布,尤其产有铁、铜、金、钴、镍、稀土、稀有金属、稀散金属、石墨、萤石等50多种与战略性新兴产业和高科技产业密切相关的战略性矿产,多种矿产储量位居世界前列。例如,铂族金属储量占世界总储量的93.04%,磷矿石储量占83.90%,钛储量占80.85%,铝土矿储量占33.60%。

非洲能源储量也非常丰富，2019年，非洲已探明石油储量约占世界总储量的7.2%，石油产量占世界总产量的8.8%；非洲已探明天然气储量占世界总储量的7.5%，天然气产量占世界总产量的6%。石油输出国组织的13个成员国中，有7个来自非洲，包括阿尔及利亚、利比亚及刚果等。若以天然资源储量作为衡量国家财富的标准，很多非洲国家会跻身前列。而且，非洲大陆占地面积广大，也适合发展太阳能、风能等可持续能源，在地理位置上，较有可能替代俄罗斯成为欧洲能源供应的主要地区。

持续开放：外商直接投资量倍增

农业方面，非洲有广大的未开发农地，但欠缺健全的自动化种植系统，农作物产量难以提升；不过，随着中国从农业大国转变为全球最大的农产品进口国，很有可能协助非洲的农业发展以满足中国市场的粮食需求，中国在非洲的农业科技投资将会长足增加。

我们印象中的非洲，是充斥着贫穷、战乱、疾病的地方，这种世界观念显然已落后，非洲很多国家虽然未称得上发展中国家，但至少已告别贫穷。现在的非洲已拥有自己的网络科技市场，有自主开发的手机支付程序，中产阶级也在发展之中。

赞比亚经济学家丹比萨·莫约博士（Dr. Dambisa Moyo）在她 2018 年的文章《非洲威胁》（*The African Threat*）中曾这样指出："世界需要与非洲打交道，帮助解决非洲的问题，这些问题迟早会成为全世界的问题。"全球对非洲的关注日益明显。虽然新冠疫情一度令非洲的外商对非洲直接投资（Foreign Direct Investment, 简称 FDI）放缓，限制了非洲大陆自由贸易区（African Continental Free Trade Area, 简称 AfCFTA）的发展，但 2021 年，流入非洲的 FDI 仍以倍数增长，较 2020 年同比增长 113% 至 830 亿美元，当中流向南非的资金更从 2020 年的 40 亿美元大升 10 倍至 420 亿美元（见图 4.4）。

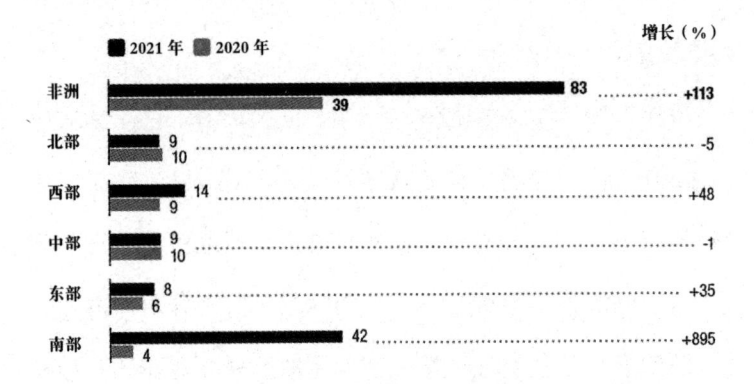

图 4.4　2020 年及 2021 年流入非洲各地区的外商直接投资

AfCFTA 是全球面积最大的自由贸易区，非盟 55 个成员国中，44 个成员国已于 2018 年签署 AfCFTA 协定，其他成员国也会陆续签署。以参与的国家数量而言，AfCFTA 是自世界贸易组织成立以来最大的单一市场，金额规模有 3.4 兆美元。

根据联合国贸易及发展会议之《2021 年非洲经济发展报告》（*Economic Development in Africa Report 2021*），非洲内部贸易未开发之出口潜力达 219 亿美元，相当于非洲境内出口贸易总额之 43%[1]，而目前非洲的区内贸易仅约占其

---

[1] 以非洲 2015 年至 2019 年贸易平均值计算。

贸易总额的16%，远低于亚洲区内的58%、欧盟的67%、北美洲的31%。若AfCFTA进一步消除非洲区内的关税障碍，将可减轻商贸成本，加强区内贸易的活力。世界银行估计，全面实施AfCFTA可使当地3000万人摆脱极端贫穷，约6800万人摆脱中度贫穷。这些脱贫人口将成为非洲境内经济增长的内生动力。

不过，投资于非洲还是有不少风险以及需要更多认知。非洲是一个广阔的大陆，其中有54个国家，各自有着极其不同的文化和发展程度，显然是一个高度分散和多样化的地区，要对非洲有较全面的认知需要花更多的时间和资源（见表4.5）。而且，非洲国家未来的发展仍需要多方的力量配合，不确定性依然很高，应对国际市场冲击的能力也较弱。根据非洲开发银行预计，2022年非洲的平均通胀率预计达到13.5%，令当地经济及财政状况饱受压力。此外，在全球地缘政治不稳定、资源缺乏的年代，较发达的地区也必然会对拥有丰沛天然资源的非洲大陆虎视眈眈。

表 4.5　2021 年非洲主要国家人均国内生产总值

国家	人均国内生产总值（美元）
毛里求斯	8812
博茨瓦纳	7348
南非	6994
纳米比亚	4729
埃及	3876
摩洛哥	3497
科特迪瓦	2579
加纳	2445
安哥拉	2138
尼日利亚	2085

注：金额已四舍五入。

> 后记

改变风险定价模式——多元投资　持盈保泰

国际社会上陆续出现了更多的美元力量弱化的迹象，例如，SWIFT公布的2022年11月全球支付货币排名中，人民币以SWIFT系统在全球支付的占比升至2.37%，同期日元的份额降至2.54%，若两者差距接近，甚至人民币超过了日元份额，这是能够动摇美元指数成分组成的一大因素。此外，在亚洲区内以本币结算的贸易正在加快增长，比如，中国正在计划促成上海石油天然气交易平台，让能源以人民币进行结算。中国已成为中东地区石油的最大买家，相反，美国则成为中东地区的竞争者，而且，中东地区需要从中国购买越来越多的商品，两地贸易趋增，因使用第三方货币进行交易而承担庞大汇率成本的动机正在迅速消退；俄罗斯被美国制裁后，又再度加速了去美元化的进程，而中东地区众多国家可能会借鉴俄罗斯的做法，避免未来被美国实施金融制裁，并希望能成为主导全球能源、掌握世界金融和政治秩序的重要参与者之一。

黄金胜过美元，成为"安全资产"

根据IMF的预估数据，2022年经常账盈余超过千亿美元的国家只有中国、俄罗斯、德国和沙特阿拉伯，在美国经常账赤字持续恶化的情况下，美国的经济及外交政策对这四国的攻势尤其猛烈。德国正企图摆脱美国的掣肘，而中俄和沙特的经济关系也越走越近，这种"三加一"的去美元化力量，正在吸引更多的新兴国家组成多个大大小小非美元经济圈，这将进一步削弱美元力量。

另一边，黄金的韧性已削弱了"强势美元"的地位。美国财长耶伦在2022年曾信心满满地表示美元是全球安全资产，经济不确定性提高，资金自然会流向美元。但事实证明，黄金才是全球国家眼中的"安全资产"。世界黄金协会的报告显示，2022年第三季度，全球央行的黄金净购买量接近400

吨，较 2021 年同期增长 300%，是此前未曾出现过的单季增量。黄金需求强劲，显示的是全球央行正在加快去美元化的步伐。即使美元指数在 2022 年上升了 10%，但黄金价格依然稳定，全年只出现 0.7% 的轻微跌幅。2023 年，黄金与美国长债（$GLD/$TLT）比率刷新了历史高位，而上一次此比率急升的时候，正值美国被标准普尔调降信用评级，如此，美债危机很可能一触即发。

美失调控能力，只能扩大量化宽松规模

上述种种正是美元霸主地位动摇的迹象，但有趣的是，投资者似乎仍不肯接受这个事实。从财经专家、大众媒体，到个人投资者，在对美股市场的涨跌所进行的猜测中，绝大多数仍然以预期美联储是否要扭转紧缩政策为主要论点。几乎无人发现自己信仰的矛盾，在相信只要美联储实施量化宽松就可解决所有问题时，实情是在承认美联储已失去调控经济能力，只能选择扩张宽松政策。

2008 年，金融海啸以来的大小经济衰退，都被美国以印钞或转嫁等方式掩盖。美元衰落、新兴货币崛起，美国要改变的不只是经济政策，而是要正视"全世界应采用美国制度"

的贪婪，负责任地寻求让世界能够持续多向发展的模式；而对于投资者而言，需要改变对现行风险定价模式的依赖，放弃虚幻的升值，回归长线投资，长线部署多元资产，只有这样才可持盈保泰，笑到最后。